Für Jo. Danke für den ganzen Zauber! ~ T. A.

Für C, S, M & D. Danke, dass ihr die Magie in meinem Leben seid! Ich liebe euch alle, für immer. ~ J. F.

Dieses Buch ist Teil unseres Programms E. A. SEEMANNs BILDERBANDE.
Es umfasst Bücher und Spiele, die Kindern mit viel Spaß die bunte Welt der Kultur eröffnen: Kunst, Architektur, Archäologie und Kulturgeschichte, Technik, Tiere, Musik, Oper, Theater und Tanz.
Die BILDERBANDE macht Bücher zum Entdecken, Geschichten zum Vorlesen und Spiele.

seemann-henschel.de
instagram.com/seemann_henschel_verlagsgruppe
facebook.com/seemann.henschel
pinterest.de/seemann_henschel

Erstmals veröffentlicht 2023 unter dem Titel *A Miscellany of Mischief and Magic* von Wide Eyed Editions, einem Imprint der Quarto Group

Projektleitung: Caroline Keller
Übersetzung: Stefanie Brägelmann, Erftstadt
Lektorat: Lena Danielmeyer, Nora Schröder, Marla Domdey
Satz: Gudrun Hommers, Berlin
Gedruckt in China

Bibliografische Information der Deutschen Nationalbibliothek
Die Deutsche Nationalbibliothek verzeichnet diese Publikation in der Deutschen Nationalbibliografie; detaillierte bibliografische Daten sind im Internet über http://dnb.dnb.de abrufbar.

ISBN 978-3-86502-518-0

MAGIE und allerlei UNFUG

Das große Buch der Streiche, Zaubertricks und Illusionen

Aus dem Englischen von Stefanie Brägelmann

INHALT

WILLKOMMEN IN EINER WELT VOLLER UNFUG UND MAGIE

Was für ein Mensch bist du? Soll ich mal raten?

Nun, wenn du dir dieses Buch gekauft oder geschenkt bekommen hast oder es gerade in einer Bücherei oder Buchhandlung durchblätterst, hast du ganz sicher nicht vor, Leute reinzulegen. Du bist bestimmt ein anständiger Mensch. Jedenfalls hoffe ich das. Wahrscheinlich putzt du dir mindestens zweimal am Tag die Zähne. Und natürlich sagst du auch immer die Wahrheit. Schließlich verlangen die Erwachsenen das ständig, stimmt's?

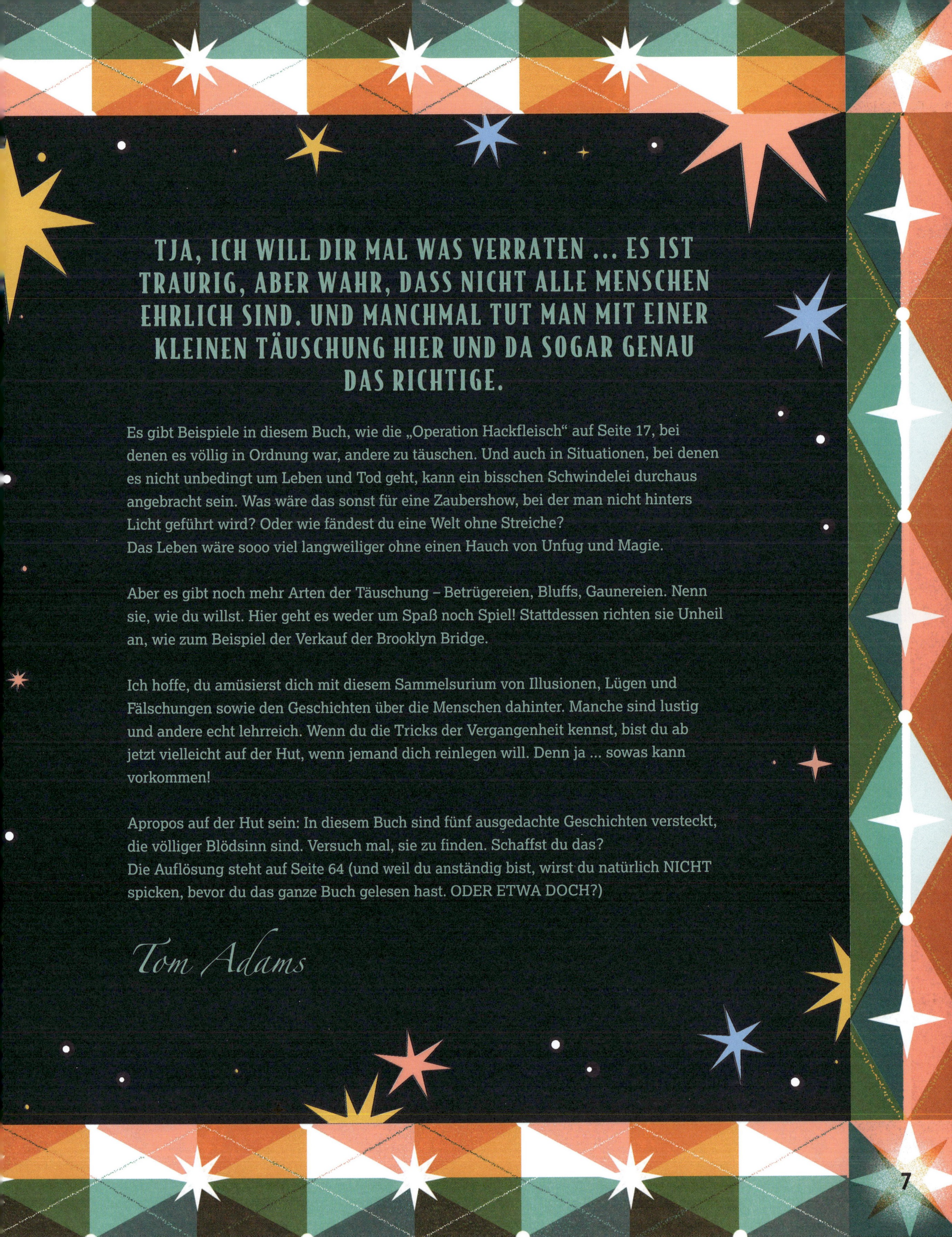

TJA, ICH WILL DIR MAL WAS VERRATEN ... ES IST TRAURIG, ABER WAHR, DASS NICHT ALLE MENSCHEN EHRLICH SIND. UND MANCHMAL TUT MAN MIT EINER KLEINEN TÄUSCHUNG HIER UND DA SOGAR GENAU DAS RICHTIGE.

Es gibt Beispiele in diesem Buch, wie die „Operation Hackfleisch" auf Seite 17, bei denen es völlig in Ordnung war, andere zu täuschen. Und auch in Situationen, bei denen es nicht unbedingt um Leben und Tod geht, kann ein bisschen Schwindelei durchaus angebracht sein. Was wäre das sonst für eine Zaubershow, bei der man nicht hinters Licht geführt wird? Oder wie fändest du eine Welt ohne Streiche?
Das Leben wäre sooo viel langweiliger ohne einen Hauch von Unfug und Magie.

Aber es gibt noch mehr Arten der Täuschung – Betrügereien, Bluffs, Gaunereien. Nenn sie, wie du willst. Hier geht es weder um Spaß noch Spiel! Stattdessen richten sie Unheil an, wie zum Beispiel der Verkauf der Brooklyn Bridge.

Ich hoffe, du amüsierst dich mit diesem Sammelsurium von Illusionen, Lügen und Fälschungen sowie den Geschichten über die Menschen dahinter. Manche sind lustig und andere echt lehrreich. Wenn du die Tricks der Vergangenheit kennst, bist du ab jetzt vielleicht auf der Hut, wenn jemand dich reinlegen will. Denn ja ... sowas kann vorkommen!

Apropos auf der Hut sein: In diesem Buch sind fünf ausgedachte Geschichten versteckt, die völliger Blödsinn sind. Versuch mal, sie zu finden. Schaffst du das?
Die Auflösung steht auf Seite 64 (und weil du anständig bist, wirst du natürlich NICHT spicken, bevor du das ganze Buch gelesen hast. ODER ETWA DOCH?)

Tom Adams

DIE ZERSÄGTE

STELL DIR VOR:

Der rote Samtvorhang hebt sich langsam und enthüllt eine längliche Holzkiste auf einem Tisch. Der Zauberer tritt von links auf, seine Assistentin von rechts.

Er hilft seiner mutigen Assistentin dabei, sich in die Kiste zu legen, wobei Kopf und Füße oben und unten herausragen. Sobald sie liegt, wird der Deckel der Kiste geschlossen und mit Vorhängeschlössern gesichert.

Dieser Zaubertrick heißt **DIE ZERSÄGTE JUNGFRAU** und ist wahrscheinlich der berühmteste der Welt. Er wird seit über 100 Jahren gezeigt, zum ersten Mal von dem englischen Zauberkünstler P. T. Selbit am 17. Januar 1921 in einem Londoner Theater. Bis dahin war Zauberei meist unbeschwert und heiter: Kartentricks, Seidentücher und das Herbei- und Wegzaubern von Gegenständen. Das hier war düsterer, dramatischer, gefährlicher und aufsehenerregend.

Auf der Bühne schlägt der Magier zwei Stahlbleche gegeneinander, um zu zeigen, wie stabil sie sind, und schiebt sie dann in die Schlitze in der Mitte der Kiste – scheinbar direkt durch seine lächelnde Assistentin. Dann beginnt er zu sägen. Holzspäne fliegen, während die scharfen Stahlzähne der Säge im Scheinwerferlicht blitzen. Im Nu ist die Kiste in zwei Hälften geteilt und wird auseinandergeschoben. Wegen der Stahlbleche kann das Publikum nicht in die auseinandergesägten Kistenhälften schauen.

FRAU

Die Assistentin, deren Kopf aus dem oberen Ende der Kiste ragt, strahlt noch immer. Am anderen Ende wackelt sie mit den Füßen. **DAS PUBLIKUM SCHNAPPT NACH LUFT.**

Aber das ist noch nicht alles. Der Magier schiebt die Kiste wieder zusammen, zieht die Stahlplatten heraus, hält kurz inne, bevor er die Schlösser entfernt und den Deckel öffnet. Unter tosendem Applaus klettert die Assistentin wundersamerweise unverletzt heraus.

Als P. T. den Trick zum ersten Mal vorführte, ließ er Bühnenarbeiter eimerweise Kunstblut vergießen und einen Krankenwagen in Bereitschaft versetzen, angeblich für den Fall, dass etwas schiefging! Natürlich war das alles Teil der Show, die seitdem tausendfach aufgeführt wurde.

ABER WIE FUNKTIONIERT DAS?

Diese Illusion kann man auf verschiedene Arten erzeugen, ob mit Fußattrappen oder einer zweiten, versteckten Assistentin. Aber kein Zauberer verrät, wie er es genau macht!

EIN KANINCHEN AUS DEM HUT ZAUBERN

EIN WEISSES KANINCHEN WIRD AUS EINEM SEIDIG GLÄNZENDEN ZYLINDER GEZOGEN – DARAN DENKEN DIE MEISTEN ZUERST, WENN SIE DAS WORT ZAUBERTRICK HÖREN.

Kaninchen und Hut stehen buchstäblich für Zauberei. Sie sind sogar zum Sprichwort geworden: Ein Kaninchen aus dem Hut zu zaubern bedeutet, unter schwierigen Umständen etwas Unvorstellbares – etwas „Magisches“ – zu vollbringen.

DOCH WANN HAST DU DIESEN TRICK ZULETZT GESEHEN? WENN ÜBERHAUPT, DANN IST DAS WOHL SCHON SEHR LANGE HER. WAS HAT ES DAMIT AUF SICH?

Alles begann mit dem Schweizer Magier Louis Comte. Er führte den Trick 1814 zum ersten Mal vor. Damals trugen wohlhabende Herren Zylinder und Louis lieh sich den Hut eines Zuschauers, um daraus ein Schlappohr-Häschen hervorzuziehen. Das Publikum war begeistert!

20 Jahre später beschrieb *The Humorous Magician Unmasked*, ein Handbuch über Zauberkunst, wie man eine Katze, einen Hund, Kartoffeln, einen Kohlkopf, Äpfel, Kanonenkugeln und natürlich ein Kaninchen aus dem Hut zaubern konnte.

ABER WIE FUNKTIONIERT DER TRICK?

So viel sei verraten: Das Kaninchen steckt nicht von Anfang an im Hut. Es befindet sich also woanders und die Kunst besteht darin, das Kaninchen in den Hut zu befördern, ohne dass das Publikum es bemerkt. Wie genau der Magier oder die Magierin das schafft, ist eine Frage der Geschicklichkeit.

UND WIESO EIN KANINCHEN?

Dafür gibt es drei gute Gründe. Erstens benehmen sich Kaninchen gut. Anders als Katzen bleiben sie ruhig unter einem Tisch oder in einer verborgenen Tasche sitzen und warten auf ihren Auftritt. Zweitens bildet das Fell des meist weißen Kaninchens einen dramatischen Kontrast zum roten Bühnenvorhang und zum schwarzen Anzug des Magiers. Und drittens sehen Kaninchen größer aus, als sie sind. Die langen Ohren und Beine und ihr flauschiges Fell lassen sie neben einem Hut riesig erscheinen. Durch diesen Größenvergleich wirkt der Trick noch spektakulärer.

Zu Beginn des 20. Jahrhunderts, dem goldenen Zeitalter der Magie, wurde der Trick so oft vorgeführt, dass das Publikum das Interesse an ihm verlor und man überlegte, wie man ihn neu und spannend gestalten könnte.

Zylinder kamen aus der Mode, genau wie große Bühnenshows. Es wurde Trend, kleine Kunststücke am Tisch vorzuführen. Und man erkannte, dass es grausam war, lebende Tiere für Zaubertricks einzusetzen. Bald wurden Kaninchen nur noch auf Plakaten aus dem Hut gezogen.

SCHWEBEN

Diese Illusion ist beeindruckend. Die Magierin versetzt ihre Assistentin in Trance und legt sie auf einen Tisch. Mit einer geheimnisvollen Geste entfernt die Magierin die Tischbeine und lässt die Platte samt Assistentin in der Luft schweben.

Moment mal, denkst du. Du kennst das Geheimnis dieses Tricks. Die Tischplatte wird von irgendeinem versteckten Mechanismus oder Drähten gehalten. Das ist doch klar!

Doch dann versetzt die Magierin dich in Erstaunen. Sie führt einen festen Metallreifen um die schwebende Assistentin herum. Nicht einmal, sondern zweimal! Drähte oder versteckte Tischbeine scheint es nicht zu geben. Die Assistentin schwebt wirklich.

Einer der ersten Zauberkünstler, der diesen Trick vor Publikum zeigte, war der Brite John Nevil Maskelyne. Der gelernte Uhrmacher nutzte seine technische Begabung und entwickelte ausgeklügelte Mechanismen, Schränke mit Geheimtüren und versteckte Spiegel für seine Zaubershows. Nach der Uraufführung um 1900 war dieses Kunststück so beliebt, dass ein rivalisierender Illusionist Johns Vorstellung immer wieder besuchte. Er setzte sich jeden Abend auf einen anderen Platz, um herauszufinden, wie der Trick funktionierte.

ABER WIE KANN MAN JEMANDEN SCHWEBEN LASSEN?

Wie du dir denken kannst, handelt es sich dabei nicht um Magie, sondern um Physik! Meistens kommt ein sogenannter „Schwanenhals-Tisch“ zum Einsatz. Der hat vier abnehmbare Beine und einen Arm, an dem ein fünftes Bein befestigt ist, das die Tischplatte stützt. Der Arm ist gebogen wie ein Schwanenhals und wenn man in dessen Bogen steht, verdeckt man das fünfte Bein.

AUSGEKLÜGELT!

Ein Motor im fünften Bein, der über einen versteckten Fußschalter bedient wird, hebt und senkt den Tisch, was alles noch gespenstischer macht. Wenn man dabei die Arme über den Tisch streckt, sieht es aus, als habe man Kontrolle über eine starke unsichtbare Kraft!

ABER WAS IST MIT DEM REIFEN?

Wenn der schwebende Tisch von einem Arm und einem Bein gestützt wird, wie kann man dann einen Reifen um ihn herumführen? Das hängt mit dem Schwanenhals zusammen, aber es ist einfacher zu erklären, wenn man den Trick von oben betrachtet.

Man kann den Reifen um den Tisch herumführen, aber nur so weit, bis er in der Beuge des Schwanenhalses stecken bleibt.

Um den Reifen zu befreien, ist eine zweite Runde um den Tisch nötig. Also zieht man ihn erneut um das obere Tischende. Das staunende Publikum sieht nur, wie der Reifen scheinbar durchläuft.

GANZ EINFACH!

DU BIST DRAN!

UNGLAUBLICHE VORHERSAGE

JETZT WIRD ES MAGISCH!

Mit diesem Zaubertrick kannst du so richtig Eindruck schinden. Aber denk daran, dass es um mehr als nur den Trick selbst geht. Die Show ist genauso wichtig, damit dein Publikum von der Magie des Augenblicks mitgerissen wird!

-1-

Schreib eine Zahl mit drei unterschiedlichen Ziffern auf. Die erste und die letzte Ziffer müssen mindestens zwei Zahlen auseinanderliegen. Und keine Nullen! Hier ein Beispiel: 257.

BEREIT? PRIMA.

-2-

Schreib nun die Zahl auf, aber vertausche die erste und letzte Ziffer. Wenn deine erste Zahl 257 war, ist deine zweite Zahl also 752. Kapiert?

-3-

Dann ziehst du die kleinere Zahl von der größeren ab: 752 minus 257.

-4-

Jetzt hast du eine neue dreistellige Zahl: 495. Auch hier vertauschst du die erste und letzte Ziffer. Dann addierst du beide Varianten: 495 plus 594.

-5-

Das ergibt eine vierstellige Zahl. In unserem Beispiel: 1089.

-6-

Nimm die ersten beiden Ziffern, hier also 10, und blättere zu dieser Seite im Buch. Nimm dann die letzten beiden Ziffern und zähl die Wörter auf der Seite ab, bis du bei denen angelangt bist, die den Ziffern entsprechen. Bei 1089 wären das also das achte und das neunte Wort auf Seite 10.

-7-

Hast du's? Lauten die Worte etwa **WEIßES KANINCHEN?**

WIE DAS GEHT? GANZ EINFACH.

Du bist auf 1089 gekommen und hast das achte und neunte Wort auf Seite 10 gesucht. Wenn du der Anleitung folgst, kommst du immer auf 1089. Ganz egal, wie deine erste Zahl lautete. Mit diesem Wissen kannst du andere mit einem erstaunlichen Trick verblüffen.

Schnapp dir zunächst ein Buch. Schlag Seite 10 auf und schreib das achte und neunte Wort dieser Seite auf einen Zettel, den du in einen Umschlag steckst.

Jetzt kann's losgehen. Aber bei der Vorführung geht es nicht nur darum, dass dein Publikum ordentlich rechnet. Du musst auch die richtigen Worte finden. Behaupte, dass du Gedanken lesen und das auch beweisen kannst.

Bitte deine Zuschauer, sich eine Zahl mit drei verschiedenen Ziffern auszudenken, ohne Null und mit einer Differenz von mindestens zwei zwischen der ersten und der letzten Ziffer. Dann sollen sie intensiv an diese Zahl denken. Tu dabei so, als würdest du ihre Gedanken lesen.

Lass sie nun rechnen, also die Zahl umdrehen und subtrahieren. Gib weiter vor, dich zu konzentrieren, um die Zahl in ihren Köpfen zu lesen. Aber sag ihnen, sie sollen nichts verraten.

Fordere sie auf, die Seite im Buch aufzuschlagen, die den ersten beiden Ziffern entspricht, sobald sie ihre vierstellige Zahl haben. Du weißt, dass es Seite 10 ist, aber sie wissen nicht, dass du das weißt! Dann sollen sie die den letzten beiden Ziffern entsprechenden Wörter auszählen.

WENN SIE FERTIG SIND, LASS SIE DEN UMSCHLAG ÖFFNEN UND WEIDE DICH AN IHREN ERSTAUNTEN GESICHTERN.

TÄUSCHUNGS-MANÖVER

In Kriegszeiten tun die Menschen fast alles, um zu gewinnen oder Leben zu retten. So auch bei diesen Beispielen, bei denen List zum Einsatz kam:

TROJANISCHES PFERD

Vor über 3000 Jahren wütete ein langer Krieg zwischen den Griechen und den Trojanern. Die Griechen waren bis vor die Stadttore Trojas marschiert, gelangten aber nicht hinein. Also schmiedeten sie einen raffinierten Plan.

Eines Morgens stellten die Trojaner fest, dass die griechische Armee verschwunden war. Dafür stand ein riesiges Holzpferd da. Offenbar hatten die Griechen das Pferd als Gabe an die Göttin Athene gebaut, damit diese für ihre sichere Heimreise sorgte. Und dann einfach dagelassen.

Der Krieg war aus! Die Trojaner jubelten und zogen das Holzpferd als Trophäe in die Stadt.

In der Nacht jedoch kletterten griechische Soldaten, die sich in dem hohlen Pferd versteckt hatten, heraus und öffneten die Stadttore. Das griechische Heer war im Schutz der Dunkelheit zurückgekehrt und fiel nun in Troja ein. Bald war die Stadt eingenommen.

FAKE PARIS

Im Ersten Weltkrieg terrorisierte Deutschland seine Feinde mit Fliegerbomben. Paris wurde 1918 innerhalb von 5 Monaten 44 Mal getroffen, wobei 241 Menschen starben.

Die französischen Behörden schmiedeten einen ausgeklügelten Plan: eine Paris-Attrappe. Die würde die Angriffe zwar nicht verhindern, aber die Deutschen dazu bringen, die Bomben am falschen Ort abzuwerfen!

Drei verschiedene „Zonen“ waren geplant: ein Wohngebiet, ein Zentrum mit Pariser Sehenswürdigkeiten und ein Industriegebiet. Beleuchtung, unechte Bahnschienen und Straßen machten die Täuschung perfekt. Der Bau begann Ende 1918, rund 24 Kilometer vor Paris. Nachts wäre die „Stadt“ wohl realistisch genug gewesen, um die Bomber zu täuschen.

HAT ES GEKLAPPT?

Zum Glück endete der Krieg bevor der Bau fertig war, sodass man nicht weiß, ob es funktioniert hätte.

OPERATION MINCEMEAT

Im Zweiten Weltkrieg planten die Alliierten, Europa von Sizilien aus von den Nazis zu befreien. Um ihre Erfolgschancen zu verbessern, griffen sie zu einer List. Sie gaukelten den Deutschen vor, sie wollten in Griechenland einmarschieren, und nannten diesen Plan „Operation Hackfleisch“.

Sie nahmen die Leiche eines Mannes namens Glyndwr Michael, der ein schweres Leben hinter sich hatte und als Obdachloser gestorben war. Er wurde als Major der britischen Marine eingekleidet und bekam eine Aktentasche mit gefälschten Geheimdokumenten über die geplante Griechenland-Invasion. Um ihn glaubwürdig zu machen, hatte er auch ein Foto seiner Verlobten, die Quittung für einen Ring und Theaterkarten bei sich. Das Militär versenkte seine Leiche vor der spanischen Küste im Meer, wo sie an Land gespült werden sollte, damit die Dokumente von dort aus in Hitlers Hände gerieten.

DIE LIST FUNKTIONIERTE!

Die Dokumente gelangten über das Spionagenetz der Nazis zu Hitler. Er hielt sie für echt und verlegte eine 90.000 Mann starke Panzerdivision nach Griechenland. Im Juli 1943 landeten die Alliierten auf Sizilien und konnten es besetzen.

STREICHE FÜR ALLE

Seit jeher täuschen Trickster die Allgemeinheit mit Bluffs und Betrügereien. Die sind manchmal so abwegig, dass man sie sich nicht ausdenken kann!

TOLLE KNOLLEN

Als Werbung für einen Bauernmarkt ersann 1894 der Zeitungsredakteur W. L. Thorndyke in Loveland, Colorado, einen aufsehenerregenden Plan.

Er ließ den örtlichen Kartoffelbauern Joseph B. Swan mit einer kindsgroßen Riesenkartoffel fotografieren. Die Kartoffel gehörte angeblich zur Sorte „Maggie Murphy". Das Foto landete schließlich sogar in der Zeitung.

Die Geschichte verbreitete sich wie ein Lauffeuer. Kartoffelbauern aus dem ganzen Land beschworen Joseph, ihnen Stücke der Riesenkartoffel zu schicken, damit sie auch welche anbauen konnten. Selbst in der Welt der Wissenschaft staunte man. Als W. L. und Joseph den Rummel schließlich satthatten, gaben sie zu, dass alles nur ein Scherz und die Kartoffel in Wirklichkeit nur eine Attrappe war.

DER JUNGE MIT DEM GOLDZAHN

In Schlesien, das heute zu Polen gehört, behauptete 1593 ein Junge namens Christoph Müller, er habe einen Zahn aus Gold. Der Arzt Jakob Horst, Professor einer nah gelegenen Universität, sah ihn sich an und befand ihn für echt.

Wie konnte das sein? Jakob stellte eine Theorie über die Stellung der Planeten auf. Demnach war die Sonne am Tag von Christophs Geburt außergewöhnlich heiß – heiß genug, um Zähne in Gold zu verwandeln.

Viele kamen, um Christophs spektakulären Zahn zu sehen, aber nicht alle glaubten an dieses Wunder. Und tatsächlich: Der Professor war auf einen Schwindel hereingefallen! Der wurde aber erst aufgedeckt, als eines Tages ein Edelmann den Zahn sehen wollte. Christoph weigerte sich, den Mund aufzumachen. Da wurde der Edelmann wütend und stach den Jungen in die Wange. Als ein Arzt die Wunde nähte, entdeckte er eine Goldkappe auf einem ganz gewöhnlichen Zahn. Das Spiel war aus!

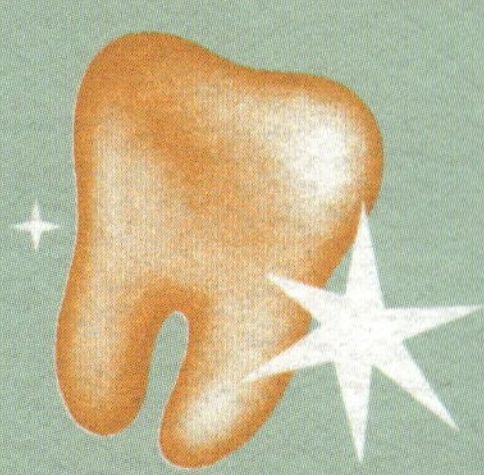

EIN KATER ALS BÜRGERMEISTER

In der Stadt Trohausen im Kurfürstentum Sachsen wurde 1624 ein pechschwarzer Kater namens Retter Bürgermeister. Retter war allerdings kein gewöhnlicher Kater. Er konnte sprechen! Das glaubte man zumindest in Trohausen.

Dort war das Leben hart. Der Bürgermeister war ein Gauner und die Stadt war heruntergekommen und gefährlich. Es herrschte Not und als 1623 die Ernte ausfiel, litten viele auch noch Hunger.

Die Stadt brauchte einen neuen Bürgermeister, aber niemand trat zur Wahl an, außer Lienhart Stoyan aus dem nahen Böhmen.

Doch in Trohausen mochte man die Böhmen nicht, also wurde Lienhart abgelehnt. Aber er hatte eine Idee. Sein Kater Retter stammte aus Sachsen. Vielleicht würden sie für ihn stimmen?

WOHL KAUM, WENN ER NUR EINE GEWÖHNLICHE KATZE WÄRE. ABER WAS, WENN RETTER SPRECHEN KÖNNTE?

Lienhart tupfte sich rohen Fisch hinter die Ohren. So sah es aus, als flüstere ihm Retter ins Ohr. Zuerst glaubte das keiner. Aber Retter wartete mit guten Ideen für Trohausen auf und man wählte ihn zum Bürgermeister. Retter blieb volle 10 Jahre im Amt!

DER RIESE VON CARDIFF

HISTORISCHE SCHWINDELEIEN

Dieser Schwindel brächte das Wissen über unsere Ursprünge ins Wanken ... **WENN ER WAHR WÄRE!**

Im Oktober 1869 entdeckten Arbeiter beim Graben eines Brunnens auf einer Farm in Cardiff, New York, eine Leiche – so alt, dass sie versteinert war. Es handelte sich aber nicht um einen gewöhnlichen Menschen, sondern um einen 3 Meter großen Riesen. Ein Wunder!

Die Nachricht verbreitete sich und alle wollten den Riesen mit eigenen Augen sehen. Der Farmbesitzer konnte sein Glück kaum fassen und verlangte Eintritt.

Doch kaum hatte man den Riesen entdeckt, hegten Fachleute auch schon Zweifel. Einer meinte sogar, dass er „erst vor kurzem entstanden und ausgesprochener Humbug" sei.

Aber das hielt die Massen nicht davon ab, den steinernen Mann zu besichtigen. Ganz im Gegenteil – das machte ihn nur noch interessanter. War er das einzige Überbleibsel eines ausgestorbenen Volks von Riesen oder ausgeklügelter Schwindel?

Alles begann mit einem Streit zwischen dem reichen Geschäftsmann George Hull und einem Priester. George glaubte nicht an Gott, während der Priester darauf bestand, dass alles in der Bibel wörtlich zu verstehen sei. Auch die Riesen, die im ersten Buch der Bibel auf der Erde umherstreifen? Also beschloss der schelmische George kurzerhand, der Welt Riesen zu bescheren.

Er ließ zwei Bildhauer einen riesigen Mann aus Stein anfertigen, den er mit Säure übergoss, damit er alt aussah. Dann brachte er den Riesen zu einem befreundeten Farmer in Cardiff, mit dem er ihn nachts hinter einer Scheune vergrub.

1 Jahr später setzte George den zweiten Teil seines Plans in die Tat um. Der Farmer, Stub Newell, ließ ein paar Arbeiter hinter der Scheune einen Brunnen graben. Nach wenigen Minuten stießen sie auf einen steinernen Fuß. Bald war der ganze versteinerte Mann ausgegraben.

Stub verdiente sehr gut an den Eintrittsgeldern, bis Geschäftsleute den Riesen kauften und mit ihm auf Amerika-Tournee gingen. Noch skurriler wurde es, als Kopien des Riesen hergestellt und als echt ausgegeben wurden.

DIE FÄLSCHUNGEN EINER FÄLSCHUNG!

Irgendwann kam jedoch die Wahrheit ans Licht und ab 1880 war der versteinerte Riese keine Attraktion mehr. Er wurde eingelagert und George Hull geriet in Vergessenheit.

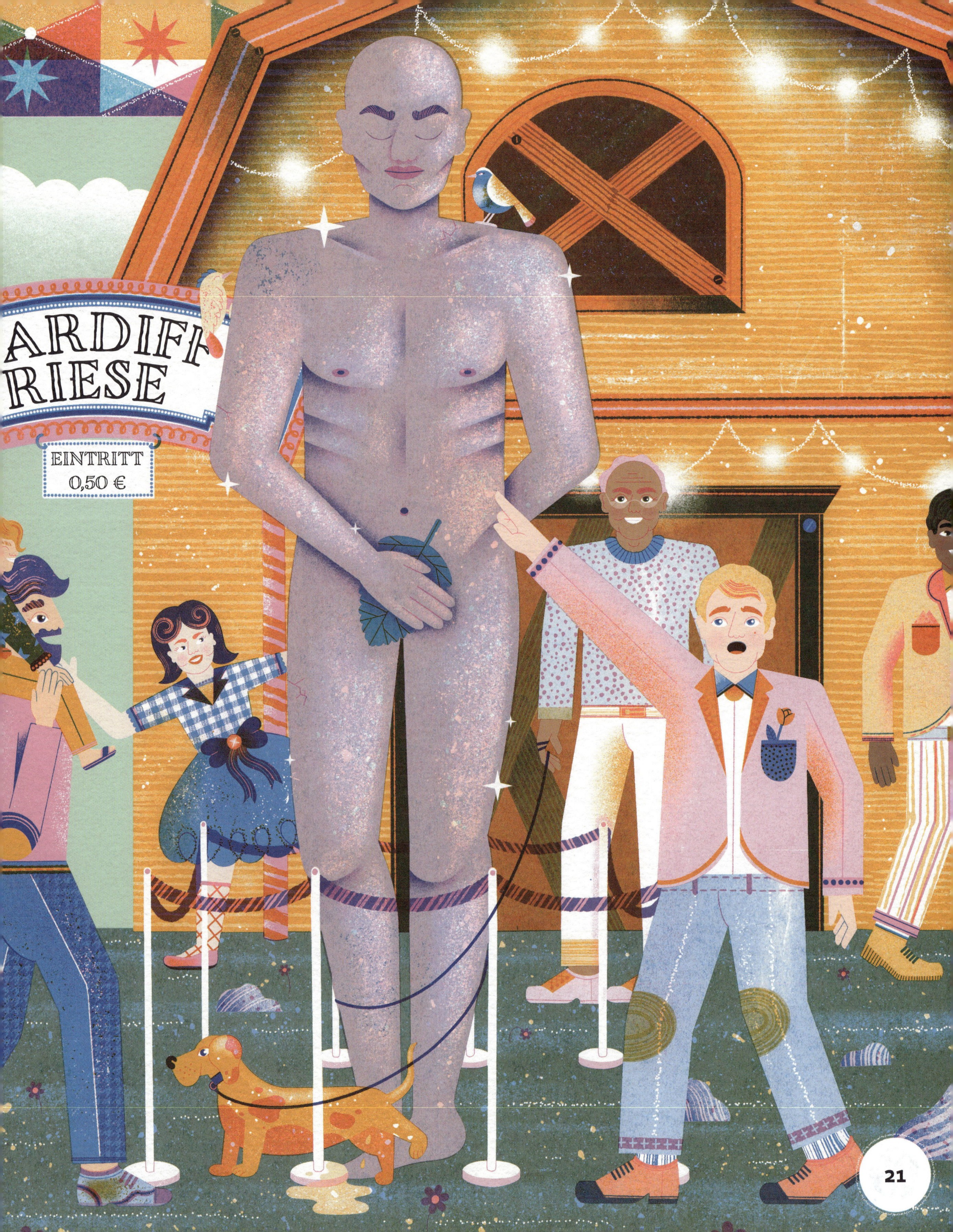
ARDIFF
RIESE
EINTRITT
0,50 €

DU BIST DRAN!
FABELHAFTE VORHERSAGE

Was brauchst du, um dir eigene Scherze auszudenken? Nicht viel. Es ist ziemlich einfach, Menschen zu täuschen, weil die meisten von uns meist die Wahrheit sagen. Deshalb glauben wir Vieles, ohne es zu hinterfragen. Mit genug Fantasie kannst du mit JEDER Geschichte dein Publikum fesseln. Aber denk daran: Täuschungen können auch Schaden anrichten. Achte deshalb darauf, dass dein Schwindel wirklich nur zum Spaß ist, bitte einen Erwachsenen um Rat und lös den Scherz immer auf, wenn du fertig bist.

UND WIE DENKT MAN SICH EINEN SCHERZ AUS?

Am einfachsten ist es, sich etwas auszudenken, von dem die Menschen WOLLEN, dass es stimmt. Die meisten wären gerne reicher, lustiger, fitter oder klüger. Natürlich könnte man klüger werden, indem man Bücher liest, oder fitter, indem man Sport treibt. Aber was wäre, wenn es einen bequemeren Weg gäbe? Das würden die Leute sicher gerne glauben.

TOAST ESSEN MACHT KLÜGER.

Es ist ganz leicht! Warum zahllose Bücher lesen, wenn es reicht, eine Scheibe Toast zu essen? Doch diese Behauptung allein wird niemand glauben. Deine Geschichte muss gleichzeitig erklären, warum oder wie Toast schlauer macht. Und darum musst du dir einen Beweis ausdenken.

Vielleicht hat ja die Hirnforschung Experimente zu dieser „Tatsache" gemacht, mit denen du deine Geschichte würzen kannst? Denk dir auch einen Ort aus, dann wirst du noch glaubwürdiger.

Bahnbrechende Untersuchungen an der Universität Otley deuten darauf hin, dass zwei Scheiben Toast pro Tag den IQ um bis zu 8 % verbessern.

KLINGT DAS NICHT TOLL?

Es gibt also wissenschaftliche Erkenntnisse. Und auch wenn man vom Toast essen kein Genie wird, sind 8 Prozent doch genug, um interessant zu sein. Mit weiteren Details wirkst du noch überzeugender: Wie kommt es, dass Toast schlauer macht?

Man fand heraus, dass die Rinde des Toasts Okklonoide enthält, die die Synapsenfeuerungsrate um bis zu 23 % erhöhen. Dadurch arbeitet das Gehirn schneller und die Problemlösungsgeschwindigkeit erhöht sich.

Genau so etwas glauben die Leute gern. Toast essen kann schließlich jeder. Das kann man sogar gemütlich auf dem Sofa machen! Die Geschichte ist sensationell, glaubhaft und klingt sogar irgendwie wissenschaftlich. Alles passt zusammen.

Falschmeldungen funktionieren, weil Menschen etwas glauben WOLLEN. Sei es, dass Geister echt und Sahnetorten gesund sind oder dass ihnen jemand viel Geld schenken will. Wenn du genau triffst, was die Leute hören wollen, wird deine Geschichte ein Riesenerfolg.

ALSO, BEVOR ICH WEG BIN ...

Es gibt einen Wettbewerb für den besten Betrug, und ich glaube, DU könntest ihn gewinnen. Um teilzunehmen, musst du nur 50,- € an die folgende Adresse schicken ...

LOTHAR LÜGNER
HOCHSTAPLERWEG 13
BETRÜGERHAUSEN-VERKOHLHEIM

DIE PIONIERE

Die legendärsten Magierinnen und Magier in einer langen Reihe von Zauberkünstlern sind:

ISAAC FAWKES

SUPERSTAR DES 18. JAHRHUNDERTS

20. Oktober 1724
Der berühmte Mr. FAWKES beweist seine Fingerfertigkeit durch die erstaunlichsten Tricks mit Karten, Eiern, Mais, Mäusen, seltsamen indischen Vögeln und Geld …

Zu der Zeit, als Isaac seine Kunststücke vorführte, galten Zauberer als nicht sehr vertrauenswürdig. Die meisten waren darauf aus, ihr Publikum auf Märkten und Volksfesten auszutricksen. Der um 1675 in England geborene Isaac war anders. Modisch gekleidet, in elegantem Anzug und gepuderter Perücke, trat er regelmäßig vor der Oberschicht auf, ja sogar vor König George II.

Seine Bühnenshows waren legendär: Er zauberte 100 Eier und ein Huhn aus einem kleinen Stoffbeutel. Mit einem Atemzug pustete er die Herzen von einer Spielkarte. Und wenn er die Karten in die Luft warf, verwandelten sie sich in echte Vögel. Echt verblüffend!

RICHARD POTTER

GENIALER BÜHNENMAGIER

Richard Potter, geboren 1783 in Hopkinton, Massachusetts, war einer der ersten Schwarzen, der als Magier groß rauskam. Mit 15 reiste er nach England, wo ihn ein Auftritt des schottischen Zauberkünstlers John Rannie völlig in den Bann zog.

Richard wurde Johns Assistent und gemeinsam tourten sie durch Europa. Für eine von Johns Illusionen wurden zwei gleich aussehende Hühner benötigt, um das Publikum in die Irre zu führen, und es war Richards Aufgabe, in jeder Stadt geeignete Vögel zu finden. Unterdessen lernte er das Zauberhandwerk.

Als John sich zur Ruhe setzte, trat Richard mit einer eigenen Show aus Magie, Bauchrednerei und Feuerschlucken auf. Er brutzelte ein Ei in einem Herrenhut, steckte Münzen durch einen Tisch und kroch sogar selbst hindurch.

Richard war überaus erfolgreich und das zu einer Zeit, in der es massive Vorurteile gegenüber Schwarzen Menschen gab. Als er in den Ruhestand ging, kaufte er ein großes Herrenhaus in New Hampshire und verbrachte dort mit seiner Frau den Lebensabend. Ihm zu Ehren heißt die Gegend bis heute Potter Place.

GIUSEPPE PINETTI

DER ZAUBERNDE WISSENSCHAFTLER

Der 1750 in Italien geborene Giuseppe war zunächst kein Zauberkünstler, sondern Physikprofessor in Rom. Anfangs unterhielt er seine Studenten mit Zaubertricks, wechselte dann aber auf die Bühne und kombinierte Wissenschaft mit Magie.

Für seine Shows entwickelte er einzigartige mechanische Apparate. Etwa einen Baum, der vor den Augen des Publikums wuchs, und Vögel, die jede gewünschte Melodie pfeifen konnten. Er konnte sogar Gedanken lesen – das war damals außergewöhnlich.

Giuseppe liebte den großen Auftritt und reiste, stets tadellos gekleidet, in einer Kutsche mit vier weißen Pferden. Bei einem Besuch in Berlin hielten die königlichen Wachen den umherstolzierenden Magier für einen König, was Friedrich den Großen so verärgerte, dass er Giuseppe verbannte!

Als ein missgünstiger Konkurrent ein Buch veröffentlichte, das all seine Tricks aufdeckte, war Guiseppe das egal. Er entwickelte einfach neue Illusionen und tourte mit einer völlig anderen Show durch Europa.

DIE PUBLIKUMSHITS

JOHN HENRY PEPPER

ERWECKTE GEISTER ZUM LEBEN

Der britische Wissenschaftler John Henry Pepper ließ im 19. Jahrhundert Geister auf der Bühne erscheinen. Das waren aber keine lustigen Gespenster mit Laken auf dem Kopf, sondern durchscheinende Figuren, die mit Menschen interagierten und nach Belieben erschienen und verschwanden. Dieser Trick wird bis heute in Vergnügungsparks weltweit eingesetzt.

John präsentierte sein Gespenst erstmals an Heiligabend 1862 in der Universität in London, wo er Chemie unterrichtete. Die Aufführung von Charles Dickens' Weihnachtsstück *Der Behexte und der Pakt mit dem Geiste* war die ideale Gelegenheit dafür. Also erschien vor einem kleinen Publikum eine geisterhafte Gestalt neben den Schauspielern auf der Bühne.

ABER WIE HAT ER DAS GEMACHT?

Das wollte er eigentlich verraten, aber das Publikum war so verblüfft, dass er seinen Trick lieber geheim hielt.

John nutzte die Technik der Spiegelung. Er stellte eine große Glasscheibe vor die Bühne und ließ im Orchestergraben unterhalb der Bühne einen Schauspieler von einer hellen Lichtquelle anstrahlen. Durch das Glas sah das Publikum die Schauspieler auf der Bühne, aber daneben, auf der Scheibe, erschien das Spiegelbild des versteckten Schauspielers – ein unheimlicher, geisterhafter Effekt.

ADELAIDE HERMANN

DIE MAGISCHE ASSISTENTIN IM MITTELPUNKT

Adelaide Scarsez, 1853 in England geboren, war zuerst Tänzerin und dann Kunstfahrerin in einer Fahrradstunt-Truppe.

Das änderte sich, als sie eine Vorstellung des französischen Magiers Alexander Hermann besuchte. Dieser benötigte für die Show einen Ring aus dem Publikum und Adelaide stellte ihren zur Verfügung. Alexander zündete ihn an und ließ ihn an einem Band um den Hals einer Taube wieder auftauchen. Adelaide war verzaubert.

Einige Wochen später brach Adelaide per Schiff mit ihrer Radtruppe zu einer Amerika-Tournee auf. Zufällig war auch Alexander an Bord. Die beiden freundeten sich an, heirateten und Adelaide wurde seine Assistentin.

Mit einer dramatischen Inszenierung revolutionierte sie Alexanders Show: Sie schwebte, ließ sich verbrennen und sogar aus einer Kanone abfeuern! Trotz Verbrennungen an den Füßen und ausgekugelten Schultern fand sie, dass „die Show weitergehen" müsse und lächelte, bis der Vorhang fiel!

Nach dem Tod von Alexander trat sie allein auf. Sie war die erste Frau, der es gelang, „eine abgefeuerte Kugel zu fangen", einer der gefährlichsten Stunts, die es gibt.

Auch mit weit über 70 stand Adelaide noch auf der Bühne, stets darauf bedacht, ihre Show zu verbessern. Sie wollte nicht als großartigster weiblicher Magier in Erinnerung bleiben, sondern als großartigster Magier überhaupt.

„Ich bin erst dann zufrieden, wenn mich alle als führend in meinem Beruf anerkennen, und zwar völlig unabhängig von meinem Geschlecht."

DIE WEGBEREITER

ELLEN ARMSTRONG

URKOMISCHE ILLUSIONISTIN

Die amerikanische Zauberkünstlerin Ellen Armstrong stand erstmals 1920 mit 6 Jahren als Assistentin ihres Vaters, des Magiers J. Hartford Armstrong, auf der Bühne. Am liebsten sorgte sie für Erheiterung, indem sie beim Gedankenlesen verriet, dass ein Zuschauer unhöfliche Dinge über die anderen dachte, und erntete oft Gelächter dafür.

Später trat Ellen als Meisterin moderner Magie mit ihrer eigenen Show auf, der sie den Titel *Moderner, märchenhafter, einzigartig munterer Marsch durch Mysteryland* gab. Versuch mal, das schnell zu sagen! Sie brachte die Leute immer wieder zum Lachen, auch mit ihren Werbe-Plakaten:

„Nichts für Spaßbremsen."

„Zahl den Arzt selbst, wenn du vor Lachen in Ohnmacht fällst."

Als Schwarze Künstlerin in einer Zeit, in der sowohl Frauen als auch Schwarze in ihren Möglichkeiten stark eingeschränkt waren, wurde sie zur Wegbereiterin.

MINERVA

EINE DER ERSTEN ENTFESSELUNGSKÜNSTLERINNEN

Anfang des 20. Jahrhunderts hatten Frauen sittsam und damenhaft zu sein. Du kannst dir also denken, was man von Minerva hielt, einer amerikanischen Entfesselungskünstlerin, die sich aus Zwangsjacken befreite oder mit Ketten gefesselt in Wasserfässer tauchte. Wie sie sich in triefnasser Kleidung losmachte, war damals ziemlich skandalös.

Minerva sorgte mit spektakulären Werbeeinlagen für Interesse an ihren Shows. In Cumberland, Maryland, ließ sie sich vom Polizeichef auf einer Brücke hoch über dem Potomac River Handschellen anlegen. Tausende von Menschen hielten den Atem an, als sie in den reißenden Fluss sprang. Augenblicke später tauchte sie ohne Handschellen auf und winkte der Menge zu. Man zog sie in ein Rettungsboot und brachte sie schnell ins Theater, wo sie vor ausverkauftem Haus ihre Vorstellung gab.

DAVID DEVANT

DER VIELLEICHT GRÖßTE MAGIER ALLER ZEITEN

Der 1868 in London geborene David Devant war von Magie besessen, seit er mit 10 Jahren einen Illusionisten auf Tour gesehen hatte. Nachdem er in einem Zauberladen zwei Bücher mit Tricks entdeckt hatte, brachte er sich damit die Kunst der Zauberei bei.

David konnte Gemälde zum Leben erwecken, alle möglichen Getränke aus einem gewöhnlichen Krug einschenken und hatte einen Goldfisch, der mithilfe von Kärtchen Wörter buchstabierte. Die witzige, freundliche Art, mit der er seine Tricks präsentierte, kam beim Publikum sehr gut an. Beim „Eiertrick" sollte ein Zuschauer auf der Bühne Eier festhalten, die David aus einem Hut zog. Allerdings produzierte er so viele, dass es unmöglich war, alle zu halten. Das Publikum lachte schallend.

Leider erkrankte David im Alter von nur 52 Jahren an einer Krankheit, die wir heute als Parkinson kennen. Die Gelenke wurden steif und seine Hände zitterten unkontrolliert – seine Karriere war beendet. Der Magische Zirkel, eine Vereinigung von Magierinnen und Magiern, verleiht ihm zu Ehren jedes Jahr den Devant Award an eine Person, die Herausragendes zur Magie beigetragen hat.

DU BIST DRAN!

DIE AUFSTEIGENDE KARTE

EIN EINFACHER TRICK, DER, WENN DU IHN PERFEKT BEHERRSCHST, DEIN PUBLIKUM UMHAUT!

DIE ILLUSION

Jemand zieht eine Karte und legt sie zurück auf den Stapel. Du teilst den Stapel, mischst die Karten und lässt dann die gezogene Karte auf magische Weise aus dem Stapel ragen.

SO FUNKTIONIERT'S

Auf zwei Dinge kommt es an: die gewählte Karte, oder auch Zielkarte, im Auge zu behalten und sie aus dem Stapel herauszuholen.

ZUERST: DER AUFSTIEG

Damit das funktioniert, muss die Zielkarte zuoberst auf dem Stapel liegen. Halte den Stapel hochkant in deiner linken Hand und präsentiere dem Publikum, wie auf dem Bild, die unterste Karte.

Balle deine rechte Hand zur Faust und strecke dann deinen Zeigefinger. Für dein Publikum soll es aussehen, als seien alle anderen Finger gebeugt.

Lege den gestreckten Finger auf den oberen Rand des Kartenspiels und hebe die rechte Hand langsam an. Für das Publikum sieht es so aus, als würde die Karte auf magische Weise unter deinem Finger aufsteigen. Es kann nämlich nicht sehen, was dein kleiner Finger macht.

Sobald dein Zeigefinger auf dem Kartenspiel liegt, streckst du deinen kleinen Finger aus. Für das Publikum ist er durch die Karten und die linke Hand verdeckt. Schiebe mit der Kuppe deines kleinen Fingers die oberste Karte hoch, während du die rechte Hand hebst. Bevor du sie wegnimmst, beugst du den kleinen Finger wieder zur Faust.

Übe diese Bewegungen vor einem Spiegel, bis sie dir leichtfallen. Wenn du sie perfekt beherrschst, ist es Zeit, den Rest des Tricks zu lernen.

VERFOLGE DIE ZIELKARTE

Zu Beginn mischst du die Karten und bittest jemanden, eine zu ziehen und sie sich zu merken. Das ist die Zielkarte. Dabei wirfst du beiläufig einen Blick auf die unterste Karte des Stapels. Merk sie dir.

Leg den Stapel mit der Bildseite nach unten auf den Tisch und lass jemanden die Zielkarte darauflegen. Halbiere den Stapel und leg die untere Hälfte auf die obere. Jetzt befindet sich die Zielkarte in der Mitte des Stapels, aber – und das ist wichtig – direkt unter der ehemals untersten Karte.

Nimm die Karten auf und gib vor, sie hochkonzentriert durchzusehen. Wenn du die ehemals unterste Karte entdeckst, leg die darunterliegende Karte oben auf den Stapel. Das ist die Zielkarte.

Da die Zielkarte nun in der richtigen Position ist, kannst du zum Erstaunen aller „den Aufstieg“ durchführen.

ECHT BILLIG

Auf diesen Seiten geht es um berüchtigte Scherzkekse, denen du auf keinen Fall nacheifern solltest. Diese Schurkinnen und Schurken waren alle nur darauf aus, ihre eigenen Taschen zu füllen.

ZU VERKAUFEN!

Der Amerikaner George C. Parker galt als größter Hochstapler aller Zeiten. Er gab vor, große New Yorker Wahrzeichen zu besitzen ... die Brooklyn Bridge, die Freiheitsstatue ..., um diese dann seinen Opfern zu verkaufen.

Mit Scheinbüros und gefälschten Dokumenten überzeugte er Interessierte davon, dass diese Sehenswürdigkeiten wirklich ihm gehörten. Er war so erfolgreich, dass er die Brooklyn Bridge angeblich mehrmals pro Woche verkaufte!

Sein Treiben fand schließlich 1928 ein Ende und er wurde mit 68 Jahren zu einer lebenslangen Haftstrafe verurteilt.

WER IST DER ECHTE NETLEY LUCAS?

Netley behauptete, Kriegsheld, Lord, Journalist, Krimiautor, Buchverleger und königlicher Biograf zu sein. In Wirklichkeit war er nur ein Betrüger.

Sein Hochstaplerleben begann, als er 1917 mit 14 Jahren einen Zeitungsartikel über jemanden las, der sich unter falschem Namen ein neues Leben aufgebaut hatte. Kurz darauf gab er sich als Gerald Chilcott aus, ein südafrikanischer Kriegsveteran. Er entdeckte, wie leicht man andere mit einer gut erzählten Geschichte hinters Licht führen konnte, und freundete sich mit den Reichen und Berühmten an, die ihm Geld liehen und ihn zu glanzvollen Gesellschaften einluden.

Mit 21 behauptete er, geläutert zu sein, und veröffentlichte *Die Autobiographie eines Gauners*. Die entpuppte sich jedoch als ein Haufen Lügen und war nur Auftakt zu weiteren kriminellen Machenschaften. Er schrieb ein Dutzend Biografien über europäische Königshäuser – ebenfalls alle erfunden!

Nach einem Gefängnisaufenthalt war Netley nicht mehr derselbe. Er starb mit 37 Jahren, nachdem er in seinem Leben über 40 verschiedene Namen gehabt hatte. Vielleicht wusste nicht einmal er selbst, wer der echte Netley Lucas war.

SICH EINE GOLDENE NASE VERDIENEN

Die deutsche Schauspielerin Adele Spitzeder verabschiedete sich 1869 von der Bühne, um als Bankbetrügerin Menschen um ihre Ersparnisse zu bringen.

Die Spitzedersche Privatbank versprach, dass sich das Geld, das man dort anlegte, garantiert vermehren würde. Klar, dass Tausende Leute investieren wollten. Das Dumme war nur: Adele legte die Gelder nicht an. Sie zahlte ihrer Kundschaft einen Teil des Geldes aus, das neue Anlegerinnen und Anleger in ihre Bank einzahlten, und behielt den Rest. Solange sie genügend neue Anlagewillige fand, konnte sie den alten Anlegern die versprochenen Zinsen auszahlen. Aber je größer ihr Kundenkreis wurde, desto mehr Neuzugänge musste sie anwerben.

Als sie schließlich nicht mehr genügend neue Opfer fand, versiegte der Geldfluss und sie konnte das Geld nicht mehr auszahlen. 32.000 Menschen haben so umgerechnet fast 400 Millionen Euro verloren!

STREICHE MIT BOTSCHAFT

Diese Scherzkekse sind nicht darauf aus, Geld zu verdienen, sondern der Öffentlichkeit eine Lektion zu erteilen. Sie wollen informieren und aufklären.

DER SPRINGBRUNNEN

1917 veranstaltete die Gesellschaft unabhängiger Künstler eine Ausstellung in New York. Kunstschaffende durften dort gegen Zahlung einer Gebühr ihre neuen Werke zeigen.

Das rief Marcel Duchamp auf den Plan. Der französische Künstler fand, dass es der modernen Kunst an Humor fehlte. Die Kunstwelt nahm sich selbst zu ernst, also beschloss er, den verstaubten Laden ein wenig aufzurütteln.

Anstatt ein Bild zu malen oder eine Skulptur zu schaffen, ging Marcel in ein Sanitärgeschäft und kaufte ein Pissoir aus Porzellan – genau so eins, wie es in jeder öffentlichen Herrentoilette hing. Er signierte es mit dem erfundenen Namen „R. MUTT 1917", nannte es *Fountain* (Springbrunnen) und reichte seine Kreation ein.

Die Gesellschaft steckte in der Klemme. Ein Pissoir! Allerdings ... war es kein Pissoir mehr. Es war signiert und hatte einen Titel. Jetzt war es also Kunst, oder nicht? Die Gebühr war bezahlt – man MUSSTE es also zeigen. Trotzdem weigerte sich die Gesellschaft zuerst, *Fountain* auszustellen.

Später erschien das Foto des Pissoirs in einer Zeitschrift, die es zum Kunstwerk erklärte. In dem Artikel stand, dass R. Mutt das Pissoir, ob er es nun gemacht hatte oder nicht, ausgewählt, ihm einen Titel gegeben und es als Kunst präsentiert hatte.

Damit begründete Marcel eine ganz neue künstlerische Bewegung, die Konzeptkunst, bei der die Idee mehr Wert hat als die Art und Weise, wie ein Kunstwerk geschaffen wird.

Dezember 1917

NEW YORK ZEITUNG

BADEWANNEN-JUBILÄUM

Im Dezember 1917 erschien der Artikel *Ein vergessenes Jubiläum* des Journalisten Henry L. Mencken in einer New Yorker Zeitung.

Er erinnerte daran, dass 75 Jahre zuvor die erste Badewanne in einem amerikanischen Privathaus installiert worden war. Ein Erfinder in Cincinnati hatte sie an einen Brunnen angeschlossen und während eines Festes war die Begeisterung der Gäste so groß, dass gleich vier von ihnen ein Bad nahmen!

Weiter hieß es, dass man der Badewanne zunächst skeptisch gegenüberstand. Medizinische Fachleute bezweifelten, dass ein heißes Bad gesund sei, und einige US-Bundesstaaten wollten Badewannen gar verbieten. Erst als Präsident Millard Fillmore 1850 eine Badewanne im Weißen Haus einbauen ließ, kamen lange Wannenbäder in Mode.

Allerdings stimmte nicht ein Wort in diesem Artikel. Henry hatte bloß testen wollen, wie leichtgläubig die Menschen waren. Die Antwort? Äußerst leichtgläubig!

Der Artikel wurde landesweit nachgedruckt und alle glaubten ihm. Henry deckte den Schwindel später auf, doch der Scherz war nicht totzukriegen. Bis heute steht die Geschichte auf Websites mit „Fakten über das Weiße Haus".

DIE MORAL?

NUR WEIL DU IRGENDETWAS IRGENDWO GELESEN HAST, HEIẞT DAS NICHT, DASS ES WAHR IST!

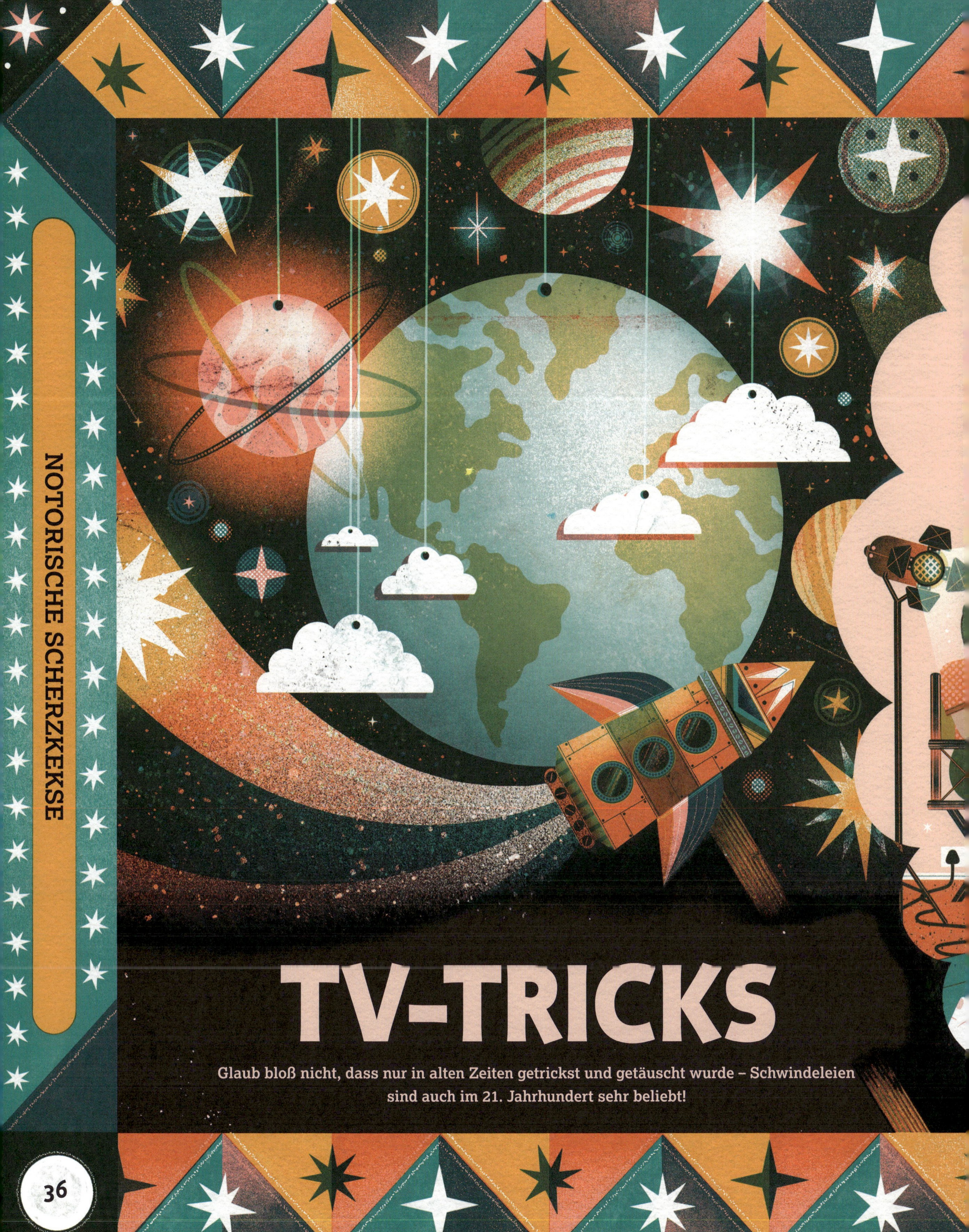

TV-TRICKS

Glaub bloß nicht, dass nur in alten Zeiten getrickst und getäuscht wurde – Schwindeleien sind auch im 21. Jahrhundert sehr beliebt!

WOLLTEST DU IMMER SCHON INS ALL?

Die britische Fernsehserie *Space Cadets* bot 2005 Interessierten die Möglichkeit, in den Weltraum zu reisen. In der 10-teiligen Sendung durchliefen 12 Kandidatinnen und Kandidaten ein Astronauten-Training und wurden dann ins All geschossen.

Die Ausbildung fand in der russischen Akademie für Weltraumtourismus statt, 4 Flugstunden von Großbritannien entfernt. Doch dieser Ort existiert nicht – stattdessen flogen die angehenden Weltraumtouristen nachts 4 Stunden lang über die britischen Inseln, um schließlich in Südostengland zu landen. Dort brachte man sie in ein gefälschtes russisches Trainingslager, mit russischen Straßenschildern, russischen Schauspielern, die die Ausbilder spielten, und sogar mit russischen Supermärkten. Die angehenden Weltraumtouristen wurden im Lager festgehalten, sodass sie nichts außer der sorgfältig nachgebauten russischen Raumfahrtbasis zu sehen bekamen.

In den folgenden 10 Tagen durchlief die Gruppe ein Weltraumtraining, bevor schließlich drei von ihnen für den Start ausgewählt wurden. Sie stiegen jedoch nicht in eine echte Raumfähre, sondern in einen Nachbau, der sich wie ein Simulator in einem Vergnügungspark neigen und kippen ließ.

Nach 5 Tagen im „All“ wurde der Besatzung mitgeteilt, dass sie einen Weltraumspaziergang unternehmen solle. Die Täuschung wurde aufgedeckt, als sich die Türen ihres Shuttles öffneten und sie sich in einem TV-Studio befanden, wo ihre Familien, Freundinnen und Freunde auf sie warteten! Als Trostpflaster erhielten alle einen Geldpreis und einen Besuch im Kosmonauten-Trainingslager in Russland, um zu sehen, wie es wirklich abläuft.

DU BIST DRAN!

FREUNDE VERALBERN

DENK DRAN: EIN GUTER STREICH DARF NIEMANDEN VERLETZEN ODER ÄRGERN ODER IRGENDETWAS BESCHÄDIGEN.

Streiche in der Familie oder im Freundeskreis können sehr lustig sein, aber du musst dabei ein paar Dinge beachten: Ein guter Streich verletzt oder ärgert niemanden und hinterlässt auch keine bleibenden Schäden.

Wichtig ist, dass alle Spaß haben, vor allem das Opfer des Streichs (nach dem Schreck). Es ist nicht witzig, jemanden zu erschrecken, der dabei eine Tasse heißer Schokolade über sich schüttet. Und die Person, der man einen Streich spielt, darf sich nicht bedroht oder blamiert fühlen.

Die zweite Regel bei Streichen: Lass dir nichts anmerken, bleib cool und schleich nicht um die Person herum, bis etwas passiert. Sonst wird sie argwöhnisch. Hab Geduld ... Streiche gelingen am besten, wenn das Opfer am wenigsten mit ihnen rechnet.

ALLES KLAR? PERFEKT, DANN FOLGEN HIER EIN PAAR VORSCHLÄGE. DU HAST DIE WAHL.

Steck ein paar Watteböllchen in die Schuhspitzen deines Freundes. Er wird sich fragen, ob seine Füße plötzlich gewachsen oder seine Schuhe geschrumpft sind!

Tausch die Flüssigseife im Seifenspender gegen klebrigen Sirup aus.

Koch ein paar Eier, bis sie hart sind. Leg sie wieder in den Kühlschrank und sei in der Nähe, wenn sich jemand eins in die Pfanne schlagen will.

Leg rohe Makkaroni zwischen den Toilettensitz und die Schüssel. Die nächste Person, die sich draufsetzt, schreckt beim Knacken der Makkaroni hoch und denkt, sie hätte etwas kaputt gemacht.

Spielen dein Bruder oder deine Schwester Flöte oder Trompete? Streu etwas Mehl ins untere Ende des Instruments. Beim nächsten Üben staubt dann eine Mehlwolke heraus.

Schraub eine Shampooflasche auf, zieh Frischhaltefolie über die Öffnung und setz den Deckel wieder drauf. Der oder die Nächste wird sich wundern, dass zwar Shampoo in der Flasche ist, aber keins rauskommt.

Vertausch alle Socken deines Bruders mit denen deines Vaters oder die deiner Schwester und deiner Mutter. Mal sehen, wann sie das merken!

Vertausch abends die Tüten von zwei Müslipackungen. Wenn dein verschlafener Bruder sich morgens Frühstück macht, wird er nicht verstehen, warum er das falsche Müsli in der Schale hat.

Puste so viele Luftballons wie möglich auf und fülle einen Schrank damit. Demjenigen, der die Schranktür öffnet, purzeln sie dann entgegen. Mit genügend Ballons kannst du ein ganzes Zimmer füllen!

Sortier die Besteckschublade neu. Jeder weiß instinktiv, wie seine Schubladen geordnet sind. Wenn du Gabeln und Löffel vertauschst, stiftest du einige Verwirrung.

VIEL SPAß!

ES IST NICHT ALLES GOLD, WAS GLÄNZT

Wissenschaftlichen Humbug für Betrügereien zu nutzen, ist eine bewährte Masche. Sei auf der Hut, sonst bindet man dir einen Bären auf.

Gesellschaft für Elektrolytische Meersalze

Dass Meerwasser Gold enthält, ist seit Langem eine anerkannte wissenschaftliche Tatsache.

So stand es 1898 im Werbeprospekt der Gesellschaft für elektrolytische Meersalze, die Gold aus Meerwasser gewinnen wollte. Wie bei allen guten Schwindeleien steckte auch in dieser ein Körnchen Wahrheit. Meerwasser enthält wirklich Gold, wenn auch in winzigen Mengen, und das reichte Vielen, um ihr Geld zu investieren.

Gegründet wurde das Unternehmen von Prescott Jernegan, einem Pastor aus Neuengland, und seinem Freund Charles Fisher. Sie behaupteten, viel Gold aus Meerwasser gewinnen zu können, und brauchten dafür Kapital.

Ihr Goldakkumulator hatte einen Behälter, der Quecksilber und eine geheime Zutat enthielt. Er wurde ins Meer abgesenkt und unter Strom gesetzt. Das klingt einfach, aber hat es auch funktioniert?

Vor den Augen zahlreicher Schaulustiger wurde der Akkumulator an einem Pier in Providence auf Rhode Island im Meer versenkt und über Nacht dort gelassen, um sein Werk zu tun.

Am nächsten Morgen wurde die Kiste herausgeholt und der Behälter untersucht. Es war voller Goldplättchen. Der Akkumulator funktionierte!

Prescott und Charles brauchten für den Bau weiterer Akkumulatoren Geldgeber, die dafür am Gewinn beteiligt werden sollten. Die Vorführung in Providence war so überzeugend, dass das Geld in Strömen floss. Also wurden weitere Akkumulatoren gebaut und mehr Gold gefördert, woraufhin sich noch mehr Geldgeber fanden.

Doch dann verschwanden Prescott und Charles plötzlich. Schlimmer noch: Kaum waren sie weg, funktionierten die Akkumulatoren nicht mehr. Kein Wunder, denn die ganze Sache war ein fetter Betrug.

Die Zeitungen berichteten später, Charles, ein erfahrener Taucher, habe unter Wasser dem Quecksilber im Akkumulator ganz einfach Gold beigemischt. Das hatte alle davon überzeugt, dass der Apparat funktionierte. Um die ersten Geldgeber bei Laune zu halten, kauften Prescott und Charles mit dem neuen Kapital weiteres Gold und der vermeintliche Erfolg ihrer Erfindung lockte noch mehr Geldgeber an.

ALS SIE GENUG GELD HATTEN, MACHTEN SIE SICH AUS DEM STAUB!

WÜRDEST DU DAS GLAUBEN?

Diese Betrügereien beweisen, dass man alles glaubt, wenn man nur verzweifelt genug ist!

DIE WÜRZBURGER LÜGENSTEINE

Dr. Johann Beringer war zu Beginn des 18. Jahrhunderts Professor der Medizin an der Universität Würzburg. Wie viele Gelehrte zu dieser Zeit hatte er ein Kuriositätenkabinett – eine Sammlung faszinierender Objekte aus der Natur wie Ammoniten, Haizähne und „Versteinerungen", die wir heute Fossilien nennen. Damals fand man gerade erst heraus, worum es sich dabei handelte.

Im Mai 1725 wurden Johann außergewöhnliche Fossilien von unbekannten Schnecken, Spinnen, fischgesichtigen Vögeln und anderen erstaunlichen Lebewesen gezeigt. Er war fasziniert.

Dann kamen Fossilien von Sternen, Engeln und Meerjungfrauen hinzu, und sogar Schriften, die Johann für das Wort Gottes hielt. Er versuchte, die uralten Überreste zu entschlüsseln und stellte dabei wilde Theorien über den Ursprung der Erde auf, die er als Buch veröffentlichte. Erst danach kamen ihm Zweifel. War Johann betrogen worden?

UND OB!

Doch leider ist der Name des Fälschers nicht überliefert. Vielleicht steckten Johanns Studierende dahinter, andere Fossilienjäger oder gar seine Kollegen, jedenfalls waren all diese unglaublichen „Versteinerungen" gefälscht. Johann war sehr klug und schnell zu Ruhm gekommen, aber er hatte dabei ein paar Leute verärgert. Vielleicht wollte ihm jemand einen Denkzettel verpassen?

Eine Lektion hat er jedenfalls gelernt: Wenn etwas zu schön scheint, um wahr zu sein, dann ist es das wohl!

ANTI-SCHWERKRAFT-MASCHINE

Stell dir vor, man könnte die Schwerkraft aufheben. Laut Unterlagen der US-Regierung waren Wissenschaftlerinnen und Wissenschaftler, mit denen das US-Militär zusammenarbeitete, sehr nahe daran, genau das zu schaffen.

Nach dem Zweiten Weltkrieg war das Misstrauen zwischen Russland und Amerika groß. Keins der beiden Länder traute dem anderen und jedes versuchte, immer stärkere Waffen zu bauen, um im Falle eines Kriegs zu gewinnen.

In dieser Zeit streute die US-Regierung das Gerücht, sie verfüge über eine Anti-Schwerkraft-Maschine. Damit könne man die Schwerkraft in einem Gebiet aufheben und ganze Armeen, Panzer und Geschütze könnten darüber hinwegschweben. Sie kämen schneller voran und durch die zusätzliche Höhe ließe sich der Feind besser im Auge behalten.

Die Amerikaner wussten, dass russische Spioninnen und Geheimagenten solch brisante Informationen an die Regierung in Moskau weitergaben. Russland würde glauben, dass die US-Armee besser ausgerüstet sei, und sich einen Angriff zweimal überlegen.

Sind die Russen darauf hereingefallen? Das wissen wir nicht. Aber vielleicht haben sie ja versucht, ihre eigene Anti-Schwerkraft-Maschine zu entwickeln!

IN SCHALE WERFEN

Eine beliebte Form der Täuschung ist es, sich als jemand anders auszugeben. Hier zwei Beispiele, bei denen dafür die Kunst der Verkleidung zum Einsatz kam.

MÄNNERSACHE

„Im Leben bist du entweder der Hammer oder der Nagel. Sei der Hammer."

Die Amerikanerin Rena Glickman wurde 1935 in Brooklyn, New York, geboren. Sie hatte eine schwere Kindheit und gehörte als Teenagerin zu einer Mädchengang, die sich mit anderen Banden prügelte.

Als ein Freund ihr ein paar Judo-Techniken zeigte, war sie begeistert, doch im örtlichen Judo-Club sagte man ihr, Frauen und Mädchen seien nicht zugelassen. Damals galten Frauen als zu zart für den Judo-Sport.

Dennoch ging Rena Woche für Woche in den Club und hoffte, dort etwas zu lernen. Schließlich lenkte der Trainer ein und erlaubte Rena, mitzumachen.

Bald stellte sich heraus, dass sie gut war – sehr gut sogar – und statt auf der Straße zu kämpfen, steckte sie ihre ganze Energie in die Verbesserung ihrer Judo-Techniken.

1959, als Rena 24 war, nahm ihr Team an den Judo-Meisterschaften des Bundesstaats New York teil. Eigentlich durfte sie als Frau nicht mitmachen, doch als sich ein Mannschaftsmitglied verletzte, bat der Trainer sie, einzuspringen. Sie verkleidete sich als Mann, besiegte die gesamte männliche Konkurrenz und gewann die Goldmedaille.

Doch einer der Richter schöpfte Verdacht. War Rena eine Frau? Aus Sorge, dass ihr Team alle Medaillen verlieren könnte, gestand sie und zog sich aus dem Wettbewerb zurück.

Aber der Anfang war gemacht. Rena setzte sich dafür ein, dass Frauen an Judo-Wettbewerben teilnehmen durften und 1988 wurde Judo für Frauen schließlich olympisch. Nun rate mal, wer das erste US-Frauenteam trainierte? Rena!

MEISTGESUCHT
WER SAH DIESE MÄNNER?

Willie Sutton kam 1901 in Brooklyn, New York, zur Welt. Er überfiel mehr als 100 Banken und brach dreimal aus dem Gefängnis aus, ehe er 1980 starb.

Komischerweise galt er trotz dieser unrühmlichen Bilanz als eine Art Robin Hood. Anders als dieser gab Willie das gestohlene Geld aber nicht den Armen, sondern behielt es selbst! Er war als „Der Schauspieler“ bekannt, weil er sich oft für seine Banküberfälle verkleidete: als Postbote, Handwerker, Fensterputzer oder sogar, besonders dreist, als Polizist!

Er plante seine Überfälle bis ins letzte Detail und erschien bevor die Banken öffneten, denn so musste er weniger Leute überwältigen. Selbst als er geschnappt wurde, war er kaum aufzuhalten: 1947 entkam er als Wärter verkleidet aus dem Gefängnis!

Wenn er nicht gerade Banken ausraubte, kleidete Willie sich gern besonders elegant. Er stand auf der FBI-Liste mit den meistgesuchten Verbrechern und sein Foto wurde nicht nur an die Polizei, sondern auch an die besten Schneider in New York verteilt!

Willie behauptete, dass er zwar eine Waffe bei sich trage, diese aber nie geladen sei, und auf die Frage, warum er Banken ausraube, soll er geantwortet haben: „weil dort das Geld ist“.

GUT, SCHLECHT

DAS SCHIFF, DAS SICH FÜR EINE INSEL HIELT

Die *Abraham Crijnssen* war ein 56 Meter langes Minensuchboot der Königlich Niederländischen Marine mit einer Crew von 45 Personen.

Im Zweiten Weltkrieg war sie in heftige Seeschlachten vor dem heutigen Indonesien verwickelt und erhielt den Befehl, sich in die sicheren Gewässer von Australien zurückzuziehen. Um das Schiff auf diesem Weg vor feindlichen Bombern zu schützen, kam die Crew auf die Idee, es als Insel zu tarnen! Im Meer um Indonesien liegen nämlich rund 18.000 Inseln.

WEM WÜRDE EINE WEITERE AUFFALLEN?

Der Rumpf wurde so bemalt, dass er wie Felsen oder Klippen aussah. Das Deck wurde unter echten Bäumen und Laubwerk verborgen. Von Weitem sah die *Abraham Crijnssen* wie eine kleine Insel aus. Und wer würde die schon bombardieren?

Nach 1 Monat, in dem das Schiff nur nachts fuhr und tagsüber ankerte, erreichte es schließlich Australien und kehrte als einziges Minensuchboot unversehrt aus der Region zurück.

UND BÄRTIG

Manche Verkleidungen funktionierten besser als andere!

EINE SAFTIGE LEHRE

Als die US-Polizei McArthur Wheeler 1995 in seinem Haus in Pittsburgh, Pennsylvania, festnahm, war er verblüfft, dass man ihn gefunden hatte.
Zuvor hatte er unmaskiert zwei Banken überfallen und war von Sicherheitskameras gefilmt worden. Warum wunderte er sich also? Er erklärte der Polizei, dass er „den Saft benutzt“ hatte. Was meinte er?

Da man aus Zitronensaft unsichtbare Tinte herstellen kann, dachte McArthur, konnte er sich damit womöglich auch selbst unsichtbar machen. Also verrieb er den Saft im Gesicht und machte ein Selfie. Als er darauf nicht zu sehen war, wusste er: Sein Plan würde funktionieren!

Doch warum war er auf dem Selfie unsichtbar? Offenbar stellte sich McArthur beim Fotografieren ebenso ungeschickt an wie beim Ausrauben von Banken!

FISH AND CHIPS FÜR FRAU FISHER

Die Schauspielerin Carrie Fisher wurde durch ihre Rolle der Prinzessin Leia in Star Wars weltbekannt. Deshalb trug sie immer, wenn sie nach Großbritannien kam, eine sehr ungewöhnliche Verkleidung, um einem einfachen Vergnügen nachzugehen.

Carrie liebte Fish and Chips und Eis zum Nachtisch, konnte aber nie in Ruhe essen, weil sie ständig von Fans um Autogramme gebeten wurde.

Ihre Strategie? Immer, wenn sie in Großbritannien war und Lust auf frittierten Fisch mit Pommes verspürte, ließ sie sich einen falschen Bart, Ohren- und Nasenhaare sowie ein paar Falten aufkleben und fuhr mit dem Zug an die Küste. Ihre Pommes aß sie gern mit einer Portion Erbsen und das Eis immer mit Himbeersauce.

Solltest du also jemals neben einem älteren Herrn gesessen haben, der am Brighton Pier oder am Blackpool Pleasure Beach Fish and Chips mampfte, könnte es Prinzessin Leia gewesen sein!

DU BIST DRAN!

DIE VERKLEIDUNG

Echte Trickster brauchen für eine gelungene Verwandlung keine großartigen Schminkkünste oder Prothesen – ein paar einfache Handgriffe machen die Illusion perfekt.

Denk dran: Das Ziel einer guten Verkleidung ist nicht, andere nachzumachen, sondern vor allem, nicht mehr wie du selbst auszusehen! Ändere am besten viele kleine Details, um eine große Veränderung zu bewirken.

Glaubst du, jemand, der dich gut kennt, fällt wenigstens kurz darauf herein? Mit folgenden Tipps kannst du loslegen.

HAARE

Verkleidungsprofis schneiden oder färben sich die Haare, aber so weit musst du gar nicht gehen. Eine andere Frisur macht schon viel aus. Trag deinen Scheitel auf der anderen Seite oder kämm dein Haar mit Gel oder Wachs zurück. Steck lange Haare hoch oder binde sie zu einem Pferdeschwanz. Und wenn alles nichts hilft, nimm einen Hut oder versuch's mal mit Perücken, Glatzen oder künstlichen Schnurrbärten.

BRILLEN

Hat bei Superman funktioniert und klappt auch bei dir! Nimm eine aus Fensterglas oder eine Sonnenbrille. Hauptsache schlicht, denn ausgefallene Gestelle erregen Aufmerksamkeit. Und falls du schon eine Brille trägst? Steig auf Kontaktlinsen um.

MAKE-UP

Für Verwandlungen ist Make-up dein bester Freund. Wenn du dich sonst nicht schminkst, probier's mal aus. Mit Farbe kommt Abwechslung ins Spiel. Mal dir die Wangen rot, verpass dir ein Muttermal oder zeichne mit Eyeliner feine Fältchen, um älter auszusehen.

KLEIDUNG

In dunklen Farben fällst du am wenigsten auf. Versuch es mit Jeans und T-Shirt, wenn du normalerweise Kleider trägst. Mach dich schick, wenn du sonst lässig gekleidet bist. Oder trag mehrere Lagen: Ein ausgebeultes Oberteil mit T-Shirt und Hemd darunter lässt dich super muskulös wirken.

HALTUNG

Es kommt auch darauf an, wie du dich bewegst. Richte dich auf, wenn du dich sonst krumm hältst. Wenn du gern zügig gehst, mach langsamer. Und ein Kieselstein im Schuh verändert deinen Gang.

VERHALTEN

Und nicht zuletzt: Sei anders als sonst. Sprich anders, trag ein Buch in einer anderen Sprache mit dir herum, trink Tee statt Cola. Tu alles, um weniger wie du selbst zu wirken, und mit etwas Glück täuschst du sogar deine Freunde.

Falls du auffliegst, frag, was dich verraten hat. Willst du die Kunst der Verkleidung meistern, geht es darum, zu lernen und sich zu verbessern. Nächstes Mal klappt's!

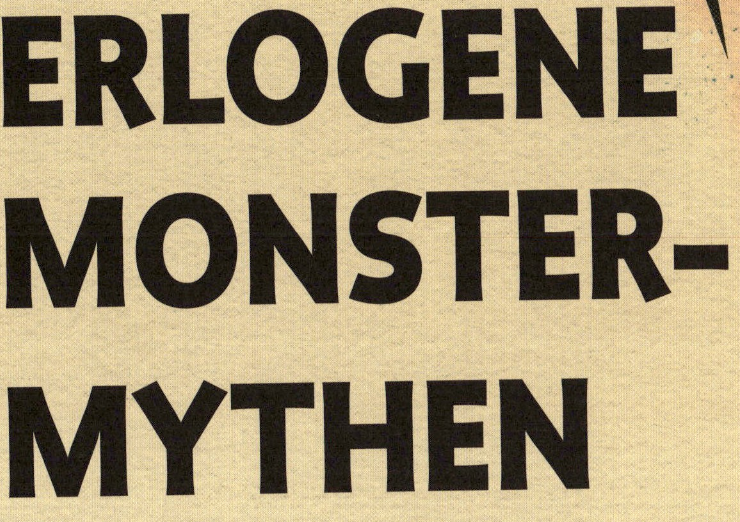

ERLOGENE MONSTER-MYTHEN

Über Generationen hinweg erzählt man sich Geschichten von Fantasiewesen, ohne Beweise dafür, dass es sie gibt.

SIND SIE ALLE ERSCHWINDELT?

DER CHUPACABRA

In ganz Mittel- und Südamerika ist dank des blutsaugenden Chupacabra kein Tier mehr sicher. Sein Name bedeutet „Ziegensauger“, denn es heißt, dass er diesen armen Huftieren alles Blut aussaugt. Igitt! Aber das ist kein uralter Mythos. Nein, der erste Chupacabra wurde erst 1995 gesichtet!

Wie diese Kreatur aussieht, weiß man nicht genau. Die Beschreibungen reichen von einer furchterregenden Kreuzung aus Reptil und Känguru bis zu einem haarlosen, wolfsähnlichen Tier. Am besten gehst du ihr aus dem Weg, wie auch immer sie aussieht!

DER YEREN

Der Yeren, ein Verwandter des berühmten Bigfoot aus Nordamerika und des Yeti aus dem Himalaya, ist ein affenartiges Wildtier. Er lebt in der bergigen Provinz Hubei in China.

Geschichten über die Yeren gibt es seit über 2000 Jahren. Sie leben in Berghöhlen und suchen abgelegene Dörfer heim, um Hühner und Hunde zu stehlen. Sie sind wild, stark und schnell.

Lange Zeit sah man sie nur selten, doch im 20. Jahrhundert wurden sie häufiger gesichtet. Eines der 2 Meter großen Wesen mit rötlichem Fell und langen, schwingenden Armen wurde in der Nähe eines Dorfes beobachtet, ein anderes auf einem Waldweg fast von einem Auto angefahren. Da die Yeren immer häufiger auftauchten, machten sich wissenschaftliche Expeditionen auf die Suche nach konkreten Beweisen für ihre Existenz, bis heute vergeblich.

REPTILOIDE

Angeblich gibt es echsenartige Kreaturen, die als Menschen getarnt unter uns leben und unsere Gedanken kontrollieren können. Sie seien aus dem Weltraum gekommen, um von unterirdischen Bunkern aus den Untergang der Menschheit zu planen.

Manche behaupten, sie hätten bereits unsere Gesellschaft unterwandert: Einige Politikerinnen, Könige und sogar Hollywoodstars seien in Wirklichkeit gar keine Menschen, sondern getarnte Reptiloide.

Im Lauf der Jahre hätten sie die Menschen dazu gebracht, Kriege gegeneinander zu führen. Das sei alles Teil ihres Plans, die menschliche Spezies auszulöschen!

EINIGE GLAUBEN DAS ERNSTHAFT ... DIE MEISTEN ABER WISSEN NATÜRLICH, DASS DAS EIN HAUFEN UNSINN IST!

DAS UNGEHEUER VON LOCH MEADIE

Jeder kennt das Ungeheuer von Loch Ness, die Grande Dame der mysteriösen Monster. Aber hast du auch schon von Nessies Verwandten, dem Ungeheuer von Loch Meadie, gehört? Loch Meadie ist ebenfalls ein schottischer See, allerdings weiter nördlich und abgelegener als Loch Ness.

Ende des 19. Jahrhunderts haben mehrere Leute ein Wesen im See Loch Meadie gesehen. Viele Schaulustige strömten dorthin, um einen Blick darauf zu erhaschen. Und vor nicht allzu langer Zeit biss etwas den Fischer Athdar Campbell unter Wasser in den Daumen, als er gerade einen großen Lachs aus dem See zog! Bis heute war er nie wieder angeln!

ULK AUS DEM ALL

Am schwarzen Firmament funkeln Milliarden und Abermilliarden Sterne. Ein Universum voller Geheimnisse: die perfekte Inspiration für Scherze und Verschwörungstheorien.

ALIEN-INVASION

1938 wurde im US-Radio ein Hörspiel namens *Krieg der Welten* gesendet. Darin ging es in gefälschten Nachrichtensendungen und Augenzeugenberichten um die Landung von Außerirdischen auf der Erde.

Die Sendung löste eine Massenpanik aus, weil die Menschen sich vor einem Angriff fürchteten. Das stand zumindest am nächsten Tag in den Schlagzeilen. Es sei zu riesigen Verkehrsstaus gekommen, da Menschen aus den Städten flohen. Einige mussten mit Schock ins Krankenhaus. Andere fragten die Polizei, wie die Aliens zu bekämpfen seien. Glaubte die Bevölkerung wirklich, dass Außerirdische gelandet waren?

„Amerika fällt auf ein Hörspiel über Aliens herein“ ist eine tolle Geschichte, die immer wieder in Büchern und TV-Shows besprochen wurde. Ja, ein paar glaubten daran, aber die meisten ließen sich nicht täuschen. Außerdem wurde während der Aufführung viermal gesagt, dass es sich um ein Hörspiel handelt. Die Zeitungen witterten jedoch eine Riesen-Story und blähten sie groß auf.

Ein grandioses Hörspiel also, das die Fantasie beflügelt. Aber Massenpanik?

NEIN. NICHT WIRKLICH.

DIE MONDLANDUNG

Am 16. Juli 1969 wurde Apollo 11 ins All geschossen und 4 Tage später standen zum ersten Mal Menschen auf dem Mond: die Amerikaner Neil Armstrong und Buzz Aldrin. Eine unfassbare Leistung!

Doch Jahre später kam das Gerücht auf, die Mondlandung sei ein von der NASA und der US-Regierung inszenierter Schwindel. Nur, was hätten sie davon?

Die USA wollten Russland im Wettlauf um die erste Mondlandung unbedingt schlagen. Einige Leute glaubten, dass die USA dafür nicht die nötige Technologie hätte und deshalb die Landung in einem großen Fernsehstudio filmte. Als ein Buch erschien, dass die Täuschung angeblich enthüllte, wuchs das Interesse an dieser Verschwörungstheorie. Spätestens als ein Spielfilm über eine gefälschte Marslandung in die Kinos kam, war sie in aller Munde.

Heute glauben etwa 5 Prozent der US-Bevölkerung, dass die Mondlandung ein Schwindel war. Das sind 16 Millionen Menschen! Alle anderen wissen es besser.

GROßER MOND-FAKE

25. August 1835, New York. Die Zeitung *The Sun* titelt mit einer unglaublichen Exklusivmeldung: Auf dem Mond seien Bisons, Einhörner, Biber und sogar menschliche Wesen mit Fledermausflügeln entdeckt worden! Gesichtet habe sie der renommierte britische Astronom Sir John Herschel mit dem stärksten Teleskop der Welt.

Eine Woche lang erschienen immer neue Artikel über die Entdeckungen. Und die Öffentlichkeit konnte nicht genug davon bekommen.

NATÜRLICH WAR ALLES ERFUNDEN.

Aber warum berichtete *The Sun* etwas, das nicht stimmte? Um sich über den Wissenschaftsautor Thomas Dick lustig zu machen, der behauptete, dass Menschen auf dem Mond lebten! Weil die Zeitung damit mehr Exemplare verkaufte als je zuvor, gab sie erst nach 3 Wochen zu, dass alles nur ein ausgefuchster Schwindel war.

ALIEN

Der Vorfall in Roswell, New Mexico, ist eins der geheimnisvollsten Ereignisse des 20. Jahrhunderts. Bis heute glauben viele nicht an einen Schwindel, sondern daran, dass die Gerüchte stimmen und die US-Regierung die Fakten immer noch vertuscht.

WAS IST IN ROSWELL PASSIERT?

1947 meldete der US-Luftwaffenstützpunkt in der Nähe der Kleinstadt, man habe Teile einer „fliegenden Scheibe" gefunden.

Als eine Zeitung darüber berichtete, änderten die Militärs schnell ihre Geschichte und erklärten, sie hätten die Überreste eines Wetterballons und nicht etwa eine fliegende Untertasse gefunden.

DAS WAR VERDÄCHTIG. VERSUCHTE DAS US-MILITÄR, ETWAS ZU VERSCHLEIERN?

Augenzeugen behaupteten, an der Absturzstelle seien Leichen gefunden und zur Untersuchung auf den Luftwaffenstützpunkt in Roswell gebracht worden. Später hieß es, dass die Leichen kleine Oberkörper, lange Arme und riesige kahle Köpfe hätten.

Jemand fälschte ein Video – unscharfe Aufnahmen der außerirdischen Leichen –, ein anderer lieferte „Geheimakten" der US-Regierung, laut denen der Präsident darüber beriet, wie man die Wahrheit unter Verschluss halten könne. Obwohl sich beide als Fälschungen herausstellten, war die Öffentlichkeit aufgeschreckt und schon bald gab es jede Menge Bücher, Fernsehsendungen und Filme darüber.

GEHEIMAKTE

1994 bestätigte die US-Luftwaffe, dass die Geschichte mit dem Wetterballon eine Fälschung war. Es sei jedoch auch kein UFO gewesen, sondern ein Hightech-Abhörgerät, mit dem sie Russland ausspionieren wollten.

Und die Leichen, die von der Absturzstelle weggetragen wurden? Das seien lebensgroße Testpuppen gewesen.

Alle, die an den Absturz einer fliegenden Untertasse in Roswell glaubten, hielten das für eine weitere Täuschung, die sie noch mehr in ihrem Glauben an Aliens bestärkte.

Während die meisten heute sicher sind, dass in Roswell keine Außerirdischen abgestürzt sind, bleiben andere vom Gegenteil überzeugt. Die Stadt ist heute das UFO-Zentrum der Welt, berühmt für ihr UFO-Museum, die Forschungsstation und ein jährliches UFO-Festival. Es gibt also eine Menge Leute, die wollen, dass das Mysterium fortbesteht.

FAULER ZAUBER

Vielleicht mag es irgendwo echte Seherinnen und Wahrsager geben, aber die meisten tricksen und schwindeln einfach nur.

WUNDERHEILUNG

Wenn du schon einmal operiert wurdest, erinnerst du dich bestimmt, wie unangenehm das sein kann. Wahrscheinlich wurdest du mit einem Narkosemittel betäubt und hast dich etwas unbehaglich gefühlt. Und wenn ein Schnitt gemacht wurde, weißt du, dass die Wunde danach noch eine Weile schmerzt.

Dank der psychischen Chirurgie gehören Schmerzen und Unwohlsein der Vergangenheit an!

Hierbei werden Operationen ohne Skalpell durchgeführt, Patientinnen und Patienten brauchen nicht einmal eine Narkose. Der „Chirurg" behauptet, mit seinen geistigen Kräften kranke Teile des Körpers entfernen zu können, indem er sie DURCH die Haut herauszieht!

Nach dem Eingriff stehen die Operierten einfach auf und gehen nach Hause.

ZU SCHÖN, UM WAHR ZU SEIN? SO IST ES!

Die psychische Chirurgie funktioniert wie ein Zaubertrick. Nur werden hier vorher falsche Körperteile versteckt und im richtigen Moment als vermeintliche Innereien der Patienten hervorgezogen!

In den 1970er Jahren war das auf den Philippinen sehr beliebt. Eine Handvoll Geistheilerinnen und -heiler behauptete, Tausenden von Menschen geholfen zu haben. Als aber einem der berühmtesten von ihnen der Blinddarm entfernt werden musste, ließ er das von einem richtigen Arzt machen!

COLD READING

Möchtest du wissen, was die Zukunft bringt? Reichtum, Gesundheit oder Glück in der Liebe? Wahrsagerinnen und Hellseher behaupten, dass sie die „Energie“ eines Menschen lesen können, um etwas über seine Vergangenheit, Gegenwart und Zukunft zu sagen.

Vielleicht gibt es Menschen mit solchen Fähigkeiten, aber die meisten sind Betrüger, die dir mit ein paar Psychotricks vorgaukeln, deine Zukunft vorhersagen zu können. Dabei geht es vor allem um gute Menschenkenntnis und eine einfache Technik namens „Cold Reading“.

Körpersprache, Kleidung, Frisur, Alter, Geschlecht und Sprachstil verraten viel über eine Person. Betrügerische Hellseher entschlüsseln diese Hinweise und verwenden sie für ihre Deutung.

Zum Beispiel überzeugen sie Ratsuchende mit ganz allgemeinen Aussagen davon, Einblicke in deren tiefstes Inneres zu haben.

„Du bist sehr spontan, schätzt aber zuweilen auch deine Gewohnheiten.“

„Du bist gern unter Menschen, aber manchmal willst du lieber allein sein.“

Diese Aussagen treffen auf fast jeden zu, aber die meisten nehmen nur die Dinge zur Kenntnis, von denen sie glauben, dass sie auf sie zutreffen. Nur diese Treffer bleiben im Gedächtnis. In der Wissenschaft nennt man das „Bestätigungsfehler“.

Und bei Zukunftsvorhersagen bleiben Hellseher einfach sehr vage. Wenn man dir weissagt, dass du eines Tages zu Geld kommen wirst, findest du dann ein paar Münzen auf der Straße oder gewinnst du Millionen im Lotto? Beide Male wirst du denken, dass die Hellseherin recht hatte. Und wenn nichts passiert, vergisst du, dass es überhaupt erwähnt wurde.

FREI ERFUNDEN

Diese Leute sind alle für irgendetwas berühmt … obwohl es sie nie gab. Willkommen in der seltsamen Welt der erfundenen Personen.

JULES BÉRET

1815 hatte Wellington, der „Eiserne Herzog" Großbritanniens, den französischen Kaiser Napoleon in der Schlacht von Waterloo besiegt.

Mitte des 19. Jahrhunderts kämpften im Krimkrieg nun Frankreich und Großbritannien (mit dem Osmanischen Reich) Seite an Seite als Verbündete gegen Russland.

Die Franzosen waren neidisch auf den Helden Wellington, der nicht nur Napoleon besiegt hatte, sondern auch auf für seine Wellington-Stiefel berühmt war. Die Briten nennen ihre Gummistiefel sogar heute noch „Wellies". Die Franzosen hatten es satt, vom großen Wellington, seinen Schlachten und seinen Stiefeln zu hören. Sie wollten auch einen Helden, also erfanden die französischen Machthaber einen: Jules Béret soll einst in Nordfrankreich kriegführende Stämme heldenhaft gegen einen gemeinsamen Feind vereint haben. Dabei trug er als Erster die typisch französische Baskenmütze aus Filz: das Béret.

Als die französischen Soldaten die Geschichte vom tapferen Jules hörten, trugen sie ihre geliebte Baskenmütze mit noch mehr Stolz. Endlich hatten sie einen Helden, der es mit dem leidigen Wellington und seinen nervtötenden Stiefeln aufnehmen konnte!

LILLIAN MOUNTWEAZEL

In der *New Columbia Encyclopedia* von 1975 steht auf Seite 1850 ein Artikel über Lillian Virginia Mountweazel. Die 1942 geborene Fotografin sei Herausgeberin von Büchern über Briefkästen gewesen und bei einer Explosion tragisch ums Leben gekommen, als sie Aufnahmen für das Magazin *Sprengstoff* machte.

Aber Lillian hat nie existiert. Ihr Buch über Briefkästen ist nie erschienen. Auch die Zeitschrift gab es nie.

Mit diesem fingierten Eintrag wollte man verhindern, dass jemand den Inhalt der Enzyklopädie klaut. Sobald in einer anderen ein Eintrag über Lillian Mountweazel vorkäme, wäre klar, dass es sich dabei um eine Kopie oder einen Diebstahl handelte. Aus diesem Grund gibt es bis heute fiktive Einträge in Wörterbüchern und anderen Nachschlagewerken, die im Gedenken an die große (erfundene) Fotografin „Mountweazels" genannt werden!

AIMI EGUCHI

AKB48 ist eine der erfolgreichsten Pop-Girlgroups aus Japan. Und die mit den meisten Mitgliedern. Als im Jahr 2011 ein neues hinzukam, waren die Fans sehr gespannt.

Doch Aimi Eguchi war irgendwie anders. Sie war talentiert und eine großartige Performerin wie alle Mitglieder der Band, aber ihr Gesicht wirkte seltsam vertraut. Bei ihrem ersten Auftritt in einem Werbespot fiel auf, dass sie zwar den Mund ganz normal bewegte, ihr restliches Gesicht aber merkwürdig ausdruckslos blieb. Das war der Moment, in dem klar wurde: Aimi war nicht echt. Die Aufnahmen von ihrem Gesicht waren am Computer aus Augen, Mund, Augenbrauen und Nase eines jeweils anderen Bandmitglieds zusammengemischt worden. Deshalb sah sie auch so vertraut aus!

APRIL APRIL

In Frankreich heißt der Brauch „Aprilfisch".

Weil wir Streiche und Scherze so sehr lieben, haben wir ihnen einen eigenen Tag gewidmet, der in vielen Ländern am 1. April gefeiert wird.

Woher der Brauch kommt, weiß niemand genau, wohl aber, dass es schon seit Jahrhunderten einen Tag gibt, an dem man sich überall auf der Welt Streiche spielt.

DIE WHOPPER-LÜGE

1998 kündigte Burger King in den USA eine Neuheit auf der Speisekarte an: der Linkshand-Whopper, hieß es dort, sei speziell für Linkshänder entwickelt worden.

FILM-HÄPPCHEN

Du findest im dunklen Kino deine Snacks nicht? Dafür hat man 2013 in Cambridge, Großbritannien, angeblich leuchtendes Popcorn entwickelt.

DER PASTA-BAUM

1957 berichtete der britische Fernsehsender BBC, dass Spaghetti auf Bäumen wüchsen. Man zeigte sogar, wie sie in der Schweiz geerntet wurden! Damals waren Nudelgerichte in Großbritannien eher unbekannt, weshalb viele die Geschichte glaubten.

MAN MUSS MIT DER ZEIT GEHEN

Big Ben ist der riesige, weltweit bekannte Uhrturm, der seit 1859 aus dem Londoner Regierungsviertel emporragt. Doch 1980 wurde, wiederum von der BBC, angekündigt, dass das berühmte Ziffernblatt ersetzt werden sollte … durch eine Digitaluhr!

In Kolumbien heißt er „Tag der Heiligen Unschuld".

WEIßE HUNDE

1965 verkündeten die Behörden in Dänemark ihren Plan, alle Hunde weiß anzumalen, damit Autofahrer sie besser sehen und nicht überfahren.

APFEL-TECHNIK

1981 brachte der Computerhersteller Microsense den Apple Pip auf den Markt. Einmal eingepflanzt sollte der apfelkernkleine Computer in nur 7 Tagen ein ausgewachsener Rechner werden. Unglaublich!

FRUCHTIG!

2009 kündigte die britische Supermarktkette Waitrose eine köstliche neue Frucht an: die Bananas, eine Kreuzung aus Banane und Ananas. Doch komischerweise war die neue Delikatesse immer, wenn jemand sie kaufen wollte, überall ausverkauft!

AUS DIE (MICKY) MAUS

1986 behauptete eine französische Zeitung, der Pariser Eiffelturm solle abgebaut werden, um ihn neben dem Dornröschenschloss im Disneyland wiederaufzubauen …

PURZELTURM

1960 hieß es in den niederländischen Nachrichten, der schiefe Turm von Pisa habe sich zu weit geneigt und sei schließlich umgefallen.

ZAUBER

SCHAUM-BÄLLE

Diese oft benötigten Zauberkugeln lassen sich winzig klein zusammendrücken und perfekt bis zum richtigen Augenblick verbergen.

FINGERFERTIGKEIT

Ohne sie wären Magierinnen und Zauberer nicht in der Lage, Sachen wie Karten oder Münzen zu manipulieren, um das Publikum zu täuschen.

GEZINKT!

Bei echten Würfeln erscheint jede Zahl gleich oft. Für Tricks verwendet man Würfel, in denen ein Metallstück eingearbeitet ist, damit eine Zahl häufiger erscheint als andere.

ABLENKUNG

Um einen Taschenspielertrick zu verbergen, lenke die Aufmerksamkeit des Publikums auf die eine Hand, während die andere Hand eine Karte versteckt oder eine Münze hält.

REQUISITEN

Die Kisten, aus denen jemand auftaucht oder verschwindet, sehen von außen ganz normal aus. Der Trick funktioniert mithilfe von Spiegeln und raffinierten Falltüren.

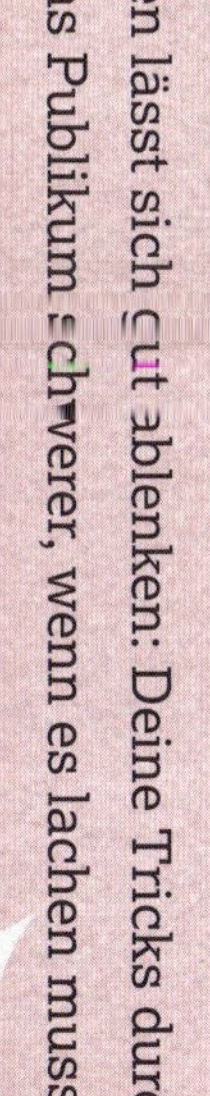

HUMOR

Mit Witzen lässt sich gut ablenken: Deine Tricks durchschaut das Publikum schwerer, wenn es lachen muss.

DAUMEN

Bei vielen Tricks kommen falsche Daumenspitzen ins Spiel. Sie sind das perfekte Versteck für Seidentücher oder Geldscheine. Man kann damit sogar kleine Dinge schweben lassen.

VERBORGENE TASCHEN

Zauberer haben überall Taschen, in denen sie Karten, Münzen oder Seidentücher verstecken – oder früher sogar ein Häschen, das auf seinen großen Auftritt wartet.

PYROWATTE

Aus diesem watteähnlichen Material lodern plötzlich Flammen auf, die sich perfekt zur Ablenkung eignen, wenn ein Taschenspieler-trick gelingen soll.

GAUNERMÜNZEN

Eine doppelseitige oder magnetische Münze oder sogar Faltmünzen in der Hand zu verstecken, das sogenannte Palmieren, ist einer der ersten Tricks, die man in der Zauberkunst lernt.

KOFFER

Große Magierinnen und Magier lassen jeden Trick mühelos aussehen. Aber hinter jeder überzeugenden Vorführung steckt eine Menge Übung. Und viele Zauberinstrumente, die Teil der Trickkiste sind, mit der sie die perfekte Illusion schaffen.

SPIELKARTEN

Für die klassischen Kartentricks genügt ein normales Kartenspiel. Aber für bestimmte Tricks braucht man Spezialkartenspiele mit markierten, doppelseitigen oder sogar leeren Karten.

UNSICHTBARER FADEN

Deine Spielkarten sollen schweben? Dann ist der durchsichtige Faden dein Freund!

ÜBUNG

Das allerallerwichtigste Werkzeug in der Trickkiste! Magierinnen und Magier üben ihre Tricks so oft, bis sie diese fast mit verbundenen Augen ausführen können.

SEIDENTÜCHER

Meistens handelt es sich um Schals und Taschentücher, die sich ganz klein zusammenpacken und perfekt unter Ärmeln, in Taschen oder in Requisiten verstecken lassen.

GROẞE ENTHÜLLUNG

Na, hast du's gemerkt? Hast du erkannt, welche Geschichten wir uns ausgedacht haben und welche echt sind?

Tja, psychische Chirurgie war wirklich mal populär, manche Leute glauben heute noch, dass die Mondlandung vorgetäuscht wurde, und ein holländisches Kriegsschiff hat sich tatsächlich als Insel getarnt.

Dies sind die ausgedachten Geschichten:
Ein Kater als Bürgermeister – Seite 19
Anti-Schwerkraft-Maschine – Seite 43
Fish and Chips für Frau Fisher – Seite 47
Das Ungeheuer von Loch Meadie – Seite 51
Jules Béret – Seite 58

ALLE 100 PROZENT FALSCH. FINGIERT. ERFUNDEN. ERSTUNKEN, ERLOGEN.

Hast du dich täuschen lassen? Falls ja, denk mal kurz nach: Warum hast du die Geschichten geglaubt? Waren sie so lustig, dass es dir gefallen hätte, wenn sie wahr wären? Oder hatten sie vielleicht gerade genug Details, um dich zu überzeugen? Dann wäre es gut, wenn du in Zukunft etwas vorsichtiger bist, und nicht alles glaubst, was man dir erzählt.